THINK TANK
智库论策

经济集聚与绿色经济效率

Agglomeration and
Green Economic Efficiency

林小希 著

上海社会科学院出版社
SHANGHAI ACADEMY OF SOCIAL SCIENCES PRESS

前　言

本书主要研究中国经济集聚对绿色经济效率的影响。经济集聚是指经济活动在某一地理区域内相对集中的现象。绿色经济效率是在新古典经济全要素生产率分析框架下，将能源消费纳入投入变量，并考虑污染排放作为非期望产出的社会经济运行效率。在现有经济集聚对经济增长影响的研究基础上，本书重点研究经济集聚在产出端对污染排放强度和投入端对能源效率的影响，并综合分析其对低污染、高能效的绿色经济效率的作用机制，完善了经济集聚对绿色经济的影响研究。

传统经济增长模式往往注重"量"的扩张而忽视了"质"的提升。这种经济增长模式一方面实现了中国经济的快速腾飞，另一方面也导致能源消费愈加显著和污染排放问题日益严重，造成了中国可持续发展的现实约束。在2020年召开的第75届联合国大会上，习近平主席提出了"2030年实现碳达峰、2060年实现碳中和"的目标，这更加要求我们处理好经济增长和节能减排之间的平衡协调关系，经济绿色转型是中国经济高质量发展的本质要求。

在中国经济高质量发展的道路上，无论是西部大开发战略、京津冀协同发展战略及长三角一体化发展战略，还是长江经济带、川渝地区双城经济圈，本质上均体现了经济的空间集聚。"以点带面、从线到片"的经济集聚模式是中国经济快速发展非常重要的特征。经济集聚一方面有利于生产规模扩大、技术传递、产业产品升级和政策环境良性循环，表现为经济集聚的正外部性；另一方面经济集聚造成的要素拥挤导致生产效率损失表现为经济集聚的负外部性。经济集聚的正外部性有利于经济增长和节能减排的绿色高质量发展目标，而经济集聚的负外部性则产生消极影响。经济集聚能否实现经济增长效应和节能减排效应的"双重发展目标"是一个值得思考的现实问题。如何实现经济集聚正外部性最大化而负外部性最小化？是否存在经济集聚不同阶段分别在产出端对污染排放程度、投入端对能源效率以及最终对绿色经济效率存在不同影响？

本书可能的边际贡献如下：第一，在新古典经济全要素生产率与牛房良明和友原章典（Ushifusa & Tomohara, 2013）产出密度模型的基础上将能源消费、污染排放和经济增长同时纳入理论的研究框架，首次构建了三个阶段四种效应的经济集聚对绿色经济效率影响分析框架；提出经济集聚分成三个阶段通过规模效应、技术效应、产业产品结构效应和政策环境效应四个方面分别在产出端对污染排放强度、在投入端对能源效率及最终对绿色经济效率的影响机制；分别对经济集聚与污染排放强度、经济集聚与能源效率和经济集聚与绿色经济效率的影响机制进行数理推导，提出经济集聚与污染排放强度之间倒N形关系、经济集聚与能源效率之间U形关系和经济集聚与绿色经济效率之间U形关系的理论假说。第二，证明了经济深度集聚阶段有利于经济增长与节能减排的"双重发展目标"——绿色经济效率提升的实现。第三，基于中国2004—2017年省级面板数据构建空间经济面板模型，对理论假说进行实证检验。

本书首先对经济集聚与污染排放、能源消费和经济增长的相关研究进行了较为系统的回顾、分析与评述。其次，分别从规模效应、技术效应、产业产品结构效应和政策环境效应四个方面构建三个阶段四种效应的经济集聚对绿色经济效率影响分析框架，厘清不同经济集聚程度对污染排放强度、能源效率和经济增长方式的影响，并综合考虑产出端的污染排放强度和投入端的能源效率后，阐述了不同经济集聚程度对绿色经济效率的影响机制，并提出了研究假说。再次，分别对经济集聚程度、能源效率水平和绿色经济效率进行了相关测算和特征分析。最后，实证检验了不同经济集聚程度对污染排放强度、能源效率和绿色经济效率的影响。

本书的研究目的在于揭示经济集聚与绿色经济效率内在机理，为推进中国生态文明建设、经济可持续发展、产业结构和生产方式绿色转型，进而实现由要素扩张型向效率增进型转变，由粗放型发展模式向集约型发展模式转变，由高速增长阶段转向高质量发展阶段，由只注重经济增长转向生态环境和经济协调发展提供一定的理论支持和实践参考。

经济集聚对绿色经济效率影响的理论分析表明：经济集聚程度在不同阶段对污染排放强度、能源效率和经济增长方式影响不同。在经济集聚未形成阶段为低污染、低能效和低速经济增长，经济集聚表现为抑制绿色经济效率；在经济集聚初步形成阶段为高污染、低能效和粗放型高速经济增长，经济集聚同样表现为抑制绿色经济效率；在经济深度集聚阶段为低污染、高能效和集约型高质量经济增长，经济集聚表现为提升绿色经济效率。

经济集聚程度、能源效率和绿色经济效率的测算及其结果分析表明：首先，中国经济集聚程度总体上呈现出不断提高的发展趋势，并逐渐形成了以东部沿海地区为中心，以中部、西部等地区为外围的经济集聚模式；同时中国经济集聚程度存在显著的区域差异——东部沿海地区明显高于其他地区，中部地区次之，西部地区最低。长三角地区依然是中国经济集聚程度最高的地区，京津冀地区经济集聚程度保持较为稳定增长。其次，能源效率总体上也呈现出不断上升的发展趋势，并且存在显著的区域差异，长三角地区能源效率最高。再次，绿色经济效率总体上呈现波动增长趋势，并且也存在显著的区域差异，京津冀地区的绿色经济效率最高。

经济集聚对污染排放强度的实证分析表明：经济集聚与污染排放强度呈现出先降低—后增大（降速减缓）—再减少的曲折下降趋势。能源强度对污染排放强度具有促进作用。劳动生产率和经济发展水平提高皆能抑制多数污染排放强度，但二氧化碳与其他污染物具有异质性。污染排放强度具有较强的空间溢出效应。

经济集聚对能源效率影响的实证研究表明：随着经济集聚程度的提高，能源效率会表现出"先下降，后上升"的U形变化趋势。经济发展水平与全要素能源效率呈现出U形的环境库兹涅茨曲线形态。全要素能源效率具有空间溢出效应和路径依赖。

经济集聚对绿色经济效率影响的实证分析表明：经济集聚与绿色经济效率之间同样存在明显的非线性关系，即随着经济集聚的深入推进，绿色经济效率先降低后提高。在空间邻近和一定经济距离范围内具有显著的空间溢出效应和空间滞后效应。拐点信息表示中西部地区绝大多数省份都处于U形曲线的左端，经济集聚程度不足。对模型采取选择工具变量进一步对内生性问题进行检验得到主要变量无明显变动，体现了模型良好的稳定性。

基于以上研究结论，本书提出实现中国绿色经济效率提高的主要途径：一是推进城镇化建设向城市群建设深化发展；二是以人才集聚推动经济集聚引领绿色经济效率；三是以经济集聚为载体构建和完善地区科创体系；四是以经济集聚持续推进人民生活水平的提升；五是加强环境规制，处理好经济集聚与资源、环境之间的关系；六是以区域经济一体化的方式优化各产业职能分工，在空间协作机制下实现经济集聚的深度发展。

目　录

前言 …………………………………………………………………………………… 1

第一章　什么是经济集聚与绿色经济效率 ……………………………………… 1
　　第一节　为什么要关注经济集聚与绿色经济效率 ……………………………… 1
　　第二节　经济集聚与绿色经济效率的基本概念 ………………………………… 8
　　第三节　经济集聚与绿色经济效率的研究内容及其创新 …………………… 13

第二章　经济集聚与绿色经济效率研究的萌芽与发展 ………………………… 18
　　第一节　经济集聚动力和外部性研究 ………………………………………… 18
　　第二节　经济集聚和污染排放强度的关系研究 ……………………………… 24
　　第三节　经济集聚和能源效率的关系研究 …………………………………… 28
　　第四节　经济集聚和经济效率的关系研究 …………………………………… 31
　　第五节　本章小结 ……………………………………………………………… 38

第三章　经济集聚对绿色经济效率影响的理论机制分析 ……………………… 40
　　第一节　经济集聚三个阶段四种效应的理论分析 …………………………… 40
　　第二节　经济集聚对绿色经济效率影响的综合分析 ………………………… 53
　　第三节　经济集聚对绿色经济效率影响的数理模型构建和分析 …………… 57
　　第四节　本章小结 ……………………………………………………………… 63

第四章　中国经济集聚、能源消费和污染排放现状及特征分析 ……………… 65
　　第一节　中国经济集聚的现状及特征分析 …………………………………… 65
　　第二节　能源消费的现状及特征分析 ………………………………………… 76
　　第三节　污染排放的现状及特征分析 ………………………………………… 79

第四节　本章小结 …………………………………… 83

第五章　经济集聚对污染排放强度的实证分析 …………… **84**
　　第一节　经济集聚对污染排放强度的实证模型构建 ……… 84
　　第二节　经济集聚对污染排放强度的实证检验 …………… 89
　　第三节　本章小结 …………………………………… 100

第六章　经济集聚对能源效率影响的实证分析 …………… **102**
　　第一节　能源效率的测算方法及其结果分析 …………… 102
　　第二节　经济集聚对能源效率影响的实证模型构建 ……… 108
　　第三节　经济集聚对能源效率影响的实证检验 …………… 111
　　第四节　本章小结 …………………………………… 117

第七章　不同经济集聚程度对绿色经济效率影响的实证分析 … **120**
　　第一节　绿色经济效率评价指标的构建 …………………… 121
　　第二节　经济集聚对绿色经济效率影响实证模型构建 …… 127
　　第三节　经济集聚对绿色经济效率影响的实证检验 ……… 130
　　第四节　本章小结 …………………………………… 140

第八章　实现绿色经济效率提升的总结与展望 …………… **143**
　　第一节　经济集聚与绿色经济效率能否相向而行 ………… 143
　　第二节　如何以经济深度集聚来提升绿色经济效率 ……… 146

参考文献 …………………………………………………… **151**
后记 ………………………………………………………… **163**

第一章 什么是经济集聚与绿色经济效率

第一节 为什么要关注经济集聚与绿色经济效率

GDP(国内生产总值)作为一种衡量社会经济发展的指标有其局限性,人们对幸福的认知也发生了变化。在此背景下,社会正在广泛讨论构建一个综合指标体系,以囊括能源效率、污染排放强度和经济增长等多个领域。绿色经济效率是在新古典经济全要素生产率分析框架下,将能源消费纳入投入变量并把污染排放作为非期望产出的社会经济运行效率。在现有经济集聚对经济增长影响的研究基础上,本书重点研究经济集聚在产出端对污染排放强度和在投入端对能源效率的影响,并综合分析其对低污染、高能效的绿色经济效率的作用机制。

在中国共产党的坚强领导下,中国人民取得了从"站起来"到"富起来"的辉煌成就,在迈向"强起来"的伟大飞跃过程中,生态环境问题成为明显短板,人民群众过去"求温饱",现在"盼环保"。传统经济增长模式往往注重"量"的扩张而忽视了"质"的提升。这种经济增长模式一方面实现了中国经济的快速腾飞,另一方面也导致了能源消费愈加显著和污染排放问题日益严重,造成了中国可持续发展的现实约束。随着经济活动规模的迅速增长,人类对环境的影响呈指数级增长。我们的经济活动规模已经超过了地球边界(Wijkman & Rockstrom, 2012)。GDP 和化石燃料的消耗,以及包括二氧化碳的多种污染物排放量同步呈指数级上升,这些环境影响摧毁了众多生态系统,削弱了人类生存的基础。

绿色经济是工业经济发展到一定阶段的产物,是实现人与自然和谐发展的新要求。当今世界,以绿色经济为代表的新一轮产业和科技变革方兴未艾,各国都在积极探索实践,保护生态环境推行绿色经济增长日益成为国际共识。

在2020年召开的第75届联合国大会上,习近平主席提出了"2030年实现碳达峰、2060年实现碳中和"的目标,这更加要求我们处理好经济增长和节能减排之间的平衡协调关系,经济绿色转型是中国经济高质量发展的本质要求。在中国要实现社会主义现代化,必须积极探索出一条符合中国特色的绿色经济增长道路,加快推动形成绿色生产方式和生活方式。

经济集聚是指经济活动在某一地理区域内相对集中的现象。在中国经济高质量发展的道路上,无论是西部大开发战略、京津冀协同发展战略及长三角一体化发展战略,还是长江经济带、川渝地区双城经济圈,本质上均体现了经济的空间集聚。"以点带面、从线到片"的经济集聚模式是中国经济快速发展非常重要的特征。一方面,经济集聚有利于生产规模扩大、技术传递、产业产品升级和政策环境良性循环,表现为经济集聚的正外部性;另一方面,经济集聚造成的要素拥挤导致生产效率损失表现为经济集聚的负外部性。经济集聚的正外部性有利于实现经济增长和节能减排的绿色高质量发展目标,而经济集聚的负外部性则产生消极影响。经济集聚能否实现经济增长效应和节能减排效应的"双重发展目标"是一个值得思考的现实问题。如何实现经济集聚正外部性最大化而负外部性最小化?是否存在经济集聚不同阶段分别在产出端对污染排放程度、在投入端对能源效率以及最终对绿色经济效率存在不同影响?

一、对人类生存与发展的严峻挑战

(一)生态文明建设仍是重要挑战

伴随着中国城镇化和工业化的不断推进,经济集聚及其人口集中引发的环境污染问题,尤其是城市大气和水污染问题,仍然令人不容乐观。例如,三大重点经济集聚区中,京津冀和珠三角经济集聚区所有城市均未达标,长三角经济集聚区仅舟山六项污染物全部达标。[①] 高速经济增长过程中的经济集聚及其人口集中是影响城市环境空气质量的"幕后推手"(王兴杰等,2015),同时人口集中的地区也是能源消费严重的地区。伴随着中国由粗放型高速增长阶段转向集约型高质量发展阶段,经济集聚及其引发的环境和能源问题再次成

---

① 中华人民共和国生态环境部于2014年6月5日发布《2013年中国环境状况公报》,2023年3月17日,https://www.mee.gov.cn/gkml/sthjbgw/qt/201407/f20140707_278320.htm。

为备受瞩目的重大问题。

作为中国经济转型发展的重要手段和实现目标,经济集聚和节能减排以及经济增长之间内在关联是不容忽视的。区域经济可能通过相应的集聚方式产生集聚效应,对节能减排和经济增长带来正面或负面的影响。一方面,集聚过程作为一种高密度的空间经济行为,会带来各种正外部性,有助于推进各种要素利用效率的提高,带来节能减排和经济增长的正面的影响;另一方面,经济集聚也可能通过效应的负外部性对经济增长和节能减排目标产生负面影响。所以,中国经济增长过程中必经的经济集聚现象,对能源效率提高和污染排放强度降低这两个新时代生态文明建设提出的重要目标会产生正面影响还是负面影响,也就是说经济集聚对节能减排和经济增长方式实际可能会表现出怎样的影响方向和作用机制,这个现实问题值得我们去深入分析。

综上所述,不管从产业转型发展、经济结构调整、可持续增长和生态文明建设等宏观层面,还是从提高居民福利、改善生活质量、满足居民日益增长的良好环境的需求等微观层面来看,保持经济一定增速并提升能源效率、降低污染排放强度以改善生态环境是中国经济新常态阶段所面临的新要求和新挑战。从京津冀协同发展、长三角生态绿色一体化、粤港澳大湾区等国家区域发展战略来看,未来一段时期中国经济"以点带面、从线到片"的区域集聚特点将得到深入强化。与此同时,工业化和城镇化的持续推进也必将加重中国的能源消费和环境压力。在这种情况下,理想的经济发展状态是:经济集聚的正外部性最大化和负外部性最小化,呈现出经济增长与节能减排"双赢"的局面,污染排放强度降低、能源效率提升、绿色经济效率不断提高。

(二) 新发展理念下经济发展动力面临转换

"我国经济已由高速增长阶段转向高质量发展阶段,正处在转变发展方式、优化经济结构、转换增长动力的攻关期。"①党的十九大报告做出的这个判断,与中国经济发展进入新常态的深层含义是相符合的。长期面临的重大攻关任务例如发展方式转变、结构调整和动力转换等必须全力完成,这个高质量发展才能真正实现。因此必须建成低污染、高能效、高质量经济增长的现代化绿色经济发展体系。而建成这个体系的关键就是绿色经济效率的提高。

---

① 《决胜全面建成小康社会 夺取新时代中国特色社会主义伟大胜利》是习近平代表第十八届中央委员会于2017年10月18日在中国共产党第十九次全国代表大会上向大会作的报告。

习近平总书记指出："我们既要绿水青山，也要金山银山。宁要绿水青山，不要金山银山，而且绿水青山就是金山银山。"①这是重要的发展理念，也是推进现代化建设的重大原则。

习近平总书记在中共二十大报告中提出，推动绿色发展，促进人与自然和谐共生。习近平指出，大自然是人类赖以生存发展的基本条件。尊重自然、顺应自然、保护自然，是全面建设社会主义现代化国家的内在要求。必须牢固树立和践行绿水青山就是金山银山的理念，站在人与自然和谐共生的高度谋划发展。我们要推进美丽中国建设，坚持山水林田湖草沙一体化保护和系统治理，统筹产业结构调整、污染治理、生态保护、应对气候变化，协同推进降碳、减污、扩绿、增长，推进生态优先、节约集约、绿色低碳发展。②

习近平总书记2019年3月5日在参加十三届人大二次会议内蒙古代表团审议时的讲话指出："保护生态环境和发展经济从根本上讲是有机统一、相辅相成的。不能因为经济发展遇到一点困难，就开始动铺摊子上项目、以牺牲环境换取经济增长的念头，甚至想方设法突破生态保护红线。在我国经济由高速增长阶段转向高质量发展阶段过程中，污染防治和环境治理是需要跨越的一道重要关口。我们必须咬紧牙关，爬过这个坡，迈过这道坎。要保持加强生态环境保护建设的定力，不动摇、不松劲、不开口子。"③

《习近平新时代中国特色社会主义思想学习纲要》④中指出，高质量发展，是能够很好满足人民日益增长的美好生活需要的发展，是体现新发展理念的发展，是创新成为第一动力、协调成为内生特点、绿色成为普遍形态、开放成为必由之路、共享成为根本目的的发展。更明确地说，高质量发展，就是经济发展从"有没有"转向"好不好"。加快形成绿色发展方式，重点是调整经济结构和能源结构，优化国土空间开发布局，培育壮大节能环保产业、清洁生产产业、清洁能源产业，推进生产系统和生活系统循环链接。

---

① "绿水青山就是金山银山"是时任浙江省委书记习近平同志于2005年8月在浙江湖州安吉考察时提出的科学论断。
② 《高举中国特色社会主义伟大旗帜　为全面建设社会主义现代化国家而团结奋斗——在中国共产党第二十次全国代表大会上的报告》是习近平代表第十九届中央委员会于2022年10月16日在中国共产党第二十次全国代表大会上向大会作的报告。
③ 《保持加强生态文明建设的战略定力》是2019年3月5日习近平同志在参加十三届全国人大二次会议内蒙古代表团审议时讲话要点的一部分。
④ 《习近平新时代中国特色社会主义思想学习纲要》是中央宣传部组织根据中央要求编写的政治理论著作，由学习出版社、人民出版社联合出版。

中国过去几十年主要依靠要素推动、投资驱动实现了经济增长的跨越式发展,成为世界第二大经济体,取得了举世瞩目的成就。然而,传统的靠要素不断增加扩大生产规模的模型不可持续;随着能源等要素成本的不断上升,生产的边际成本也不断上升,同时伴随粗放型生产而产生的环境污染问题不断恶化,在二氧化硫、烟(粉)尘、二氧化碳为主的大气污染物以及工业废水排放量和固体废弃物排放量等方面,中国都已成为世界第一大污染排放国。在能源消费方面,中国已经超越美国成为世界第一大能源消费国。为了使经济可持续发展和生态文明建设在新时代得到更好的实现,贯彻人与自然和谐共生的新发展理念,亟待转变未来中国经济增长方式,使经济增长、环境保护和资源节约相融合的增长方式得到优先发展,也就是要提高实现绿色经济效率,以此来使绿色中国、美丽中国的建设目标得以实现。

中国"十四五"规划中特别提出推动绿色发展,促进人与自然和谐共生,让绿色成为高质量发展的底色。习近平总书记在主持召开中央财经委员会会议时提出碳达峰和碳中和的基本思路,因此,经济高质量发展和完成碳达峰和碳中和目标的关键,就是提高包含碳排放强度的绿色经济效率。经济集聚能否实现经济增长效应和节能减排效应"双重发展目标"的绿色经济效率是一个值得思考的现实问题。

二、对经济高质量发展的必然选择

如何实现经济高质量增长,如何降低污染排放强度、提升能源效率、提高绿色经济效率,是学术界和政府部门都非常关注的中国重大现实问题。本书以污染排放强度降低、能源效率提升和绿色经济效率提高仍是重要挑战,经济集聚依然是经济发展重要趋势,新常态下经济发展动力和经济考核目标面临转换为现实背景,分别从规模效应、技术效应、产业产品结构效应和政策环境效应四个方面分析了经济集聚对污染排放强度、能源效率和经济增长方式的影响,构建了"经济集聚-绿色经济效率"的理论分析框架,并利用中国省级行政区的经验数据对研究假说进行实证检验,在原有经济集聚对经济增长的研究基础上完善了经济集聚对绿色经济效率影响的研究。

本书理论方面的意义在于:第一,目前对"经济集聚"与"绿色经济效率"的研究仍处于分离状态,只有少数文献和零散的讨论,两者之间的内在联系没有系统的分析。本书建构了二者之间的理论联系渠道,在新古典经济全要素生产率与牛房良明和友原章典(2013)产出密度模型的基础上将经济集聚、能源消费、污染排放和经济增长同时纳入理论研究框架。在此意义上,本书可以为当前"双碳"目标和大力推进生态文明建设提供一定的理论支撑。

第二,从经济集聚的角度探讨了如何推进产业结构绿色转型和生产方式绿色转型。经济集聚模式是中国经济快速发展非常重要的特征。本书的研究是对经济集聚理论更深入的衍生研究。过去大量的研究更多关注于经济集聚的形成因素,本书进一步完善了经济集聚形成之后的效应问题,对经济集聚与产业结构绿色转型及生产方式绿色转型之间的关系和作用机制有更深入、全面的认识,为经济集聚与产业结构和生产方式绿色转型这两个研究领域的交叉与融合作出了一定的尝试与贡献。

第三,关于经济集聚对污染排放强度和能源效率的影响方向,近年来国内外学者进行了一定的研究,但至今仍未达成共识且大多数研究侧重于单效应的实证检验。本书在新古典经济全要素生产率与牛房良明和友原章典(2013)产出密度模型的基础上就经济集聚与污染排放强度的关系、经济集聚与能源效率的关系、经济集聚与绿色经济效率的关系提出了统一的理论框架并采用多种计量模型验证。

本书实践方面的意义在于:第一,中国经济发展在过去几十年中取得巨大成就的同时也积累了大量能源和生态环境问题,成为明显的短板。《习近平新时代中国特色社会主义思想学习纲要》中指出,中国各类环境污染呈高发态势,一段时间内成为民生之患、民心之痛。随着中国社会主要矛盾发生变化,人民群众对优美生态环境的需要成为这个矛盾的重要方面,广大人民群众热切期盼加快提高生态环境质量。提高绿色经济效率是新时代中国经济的重要热点问题。但是,长期以来,经济增长与节能减排效果的差距不减反增,我们不得不怀疑是否过去的研究中对于绿色经济效率关键因素的分析是否充分有效。本书在现有经济集聚对经济增长理论的研究基础上,从经济集聚对这种经济现象出发,在全要素生产率分析框架下通过理论和实证的分析厘清了"经济集聚"与"绿色经济效率"之间的内在关联,从而提供了以提高经济集聚促进绿色经济效率的一个新渠道,为宏观经济规划提供了借鉴。

第二,中国新常态下经济面临增长速度换挡、结构调整和发展动力转变的问题。这三个问题其实是一个内部统一的逻辑体系,即在宏观层面保持一定的经济增速的基础上,在产业层面通过经济结构调整以促进创新活力,在微观层面提高生产效率使经济增长从粗放型高速增长向集约型高质量增长转变。

绿色经济效率的内涵恰恰诠释了新常态下经济的发展目标。而经济集聚通过产业关联和空间效应促进地区绿色经济效率提升的过程也是产业良性互动和空间协调发展的过程。本书为区域产业协调和区域一体化发展提供了参考。

第三，本书使用中国省级行政区域的面板数据来分析经济集聚的不同效应，从能源强度和污染排放强度这两个重要的角度，验证了经济集聚节能减排的效果；并通过对经济集聚的能源效率和绿色经济效率的实证分析，发现经济集聚效应的区域差异和空间溢出特征，这为经济集聚的差异化发展提供了经验支持，为不同地区差异化经济集聚政策制订提供了参考。

三、对经济集聚与绿色经济效率相容的时代要求

本书主要研究中国经济集聚对绿色经济效率的影响。经济集聚是指经济活动在某一地理区域内相对集中的现象。绿色经济效率是在新古典经济全要素生产率分析框架下，将能源消费纳入投入变量并把污染排放作为非期望产出的社会经济运行效率。在现有经济集聚对经济增长的研究基础上，本书重点研究经济集聚在产出端对污染排放强度和在投入端对能源效率的影响，并综合分析其对低污染、高能效的绿色经济效率的作用机制，完善经济集聚对绿色经济的影响研究。

首先对经济集聚与污染排放、能源消费和经济增长的相关研究进行了较为系统的回顾、分析与评述。其次，分别从规模效应、技术效应、产业产品结构效应和政策环境效应四个方面分析了不同经济集聚程度对污染排放强度、能源效率和经济增长方式的影响，并在综合了产出端污染排放强度和投入端能源效率的影响，阐述了不同经济集聚程度对绿色经济效率的影响机制，并提出了研究假说。再次，分别对经济集聚程度、能源效率水平和绿色经济效率进行了相关测算和分析。最后，实证检验了不同经济集聚程度对污染排放强度、能源效率和绿色经济效率的影响。

本书的研究目的在于揭示经济集聚与绿色经济效率内在机理，为推进中国生态文明建设、经济可持续发展、产业结构和生产方式绿色转型，进而实现由要素扩张型向效率增进型转变，由粗放型发展模式向集约型发展模式转变，由高速增长阶段转向高质量发展阶段，由只注重经济增长转向生态环境和经济协调发展提供一定的理论支持和实践参考。

第二节 经济集聚与绿色经济效率的基本概念

由于本书的理论渊源来源于区域经济学、产业经济学、生态经济学、新经济地理学等多个研究领域,在理论的驾驭上存在较大的困难,涉及的诸多概念在不同学科、不同流派中难免出现混淆和不同的理解,因此将主要概念和本书研究范围作如下界定。在本书接下来的几章中,将反复提到这些概念,并做进一步的详细说明。

一、经济集聚

集聚一词最早由阿尔弗雷德·韦伯(Alfred Weber,1909)在其著作《工业区位论》中提出,用以概括19世纪下半叶德国工业企业生产活动在空间集中的现象,指出集聚是一种"优势"或是一种生产的廉价或是生产在很大程度上被带到某一地点所产生的市场化。此后,学者们用不同的方式对经济集聚的概念进行了界定。集聚是经济活动的集中,它由某种循环逻辑创造并维持(藤田昌久、克鲁格曼,2010),同时集聚也是经济的空间集中进一步促使经济集中的趋势(安虎森等,2009)。集聚和集中都指经济活动的某个部分作为一个整体分布在某一个区域,但集中是指某类明确划分的部门,而集聚分析的是经济活动的更大部分的空间位置,包含的部门更多,有集聚一定有集中,有集中则不一定有集聚。另外,两者的时态也不同,集中是静态的概念,集聚是动态的概念(布鲁哈特,1998)。因此,经济集聚包含两层含义:一层是静态的,是经济活动在空间上集中的状态;一层是动态的,是经济活动在空间上不断集中的过程。经济集聚出现在不同的空间层面上,通常可以分为三个层次:最低层次为特定产业的集聚,中等层次为城市的形成,最高层次为整个区域的不均衡发展(克鲁格曼,2000;梁琦,2004)。也有学者将其描述为:经济集聚根据集聚的空间范围分为产业集群、城市、城市群三种形式(皮亚彬,2014)。因此经济集聚与产业集聚是一种包含关系,经济集聚包含产业集聚,是产业集聚动态发展过程中更高层次的空间集聚形式。

虽然经济集聚尚没有统一形式的概念,但不同的表述方式均体现了经济集聚的一个特点:经济活动在一定地理空间单元上呈现出的集中现象,属于一种"经济景观"。根据以上分析,本书将经济集聚的概念厘定为经济活动在某一地理区域内相对集中的现象。

经济范围的界定是研究经济集聚的一个基础问题。已有文献根据研究目的不同而对经济范围进行了不同的界定。如在范剑勇(2006)以及邵帅、张可和豆建民(2019)的研究中,经济集聚的范围分别为城市内部和省级行政区所有非农产业。在罗勇和曹丽莉(2005)的研究中,经济集聚的范围是制造业产业内行业。在陈建军等(2009)的研究中,经济集聚的范围是生产性服务业。在林伯强和谭睿鹏(2019)的研究中,经济集聚的范围包括城市内的所有产业。在本书的研究中,经济集聚的范围是省级行政区内部所有非农产业。

二、绿色经济效率

在2012年联合国可持续发展大会上强调了绿色经济的重要性之后,联合国环境规划署和经合组织均提出关于绿色经济和绿色经济指标的概念。联合国环境规划署定义绿色经济是一种"在显著降低环境风险和缓解生态稀缺的同时,提升人类福祉和社会公平"的经济。经合组织将其定义为"在促进经济增长和发展的同时确保自然继续提供我们所依赖的资源和环境服务"。

中国顺应全球绿色经济的发展趋势,在"十一五"期间创新性地将"十二五"规划定位为"绿色发展规划",将节能减排与应对气候变化确定为国家核心发展目标和核心发展章程之一。王玲玲和张艳国(2012)认为,"绿色发展"就是在不超过当前自然限制的前提下,以对环境加以改善为手段逐步发展可持续经济。胡鞍钢和周绍杰(2014)指出,多系统相互促进、共同发展是推行绿色发展的基础。党的十八大以来,以习近平同志为核心的党中央把生态文明建设作为统筹推进"五位一体"总体布局和协调推进"四个全面"战略布局的重要内容,将绿色作为发展理念贯彻,推动形成绿色发展方式和生活方式。因此,可以证明中国所推行的"绿色发展"与绿色经济异曲同工,成为当前经济发展的核心要务。

联合国环境规划署的绿色经济指标由三个阶段组成,包括环境问题指标、政策干预指标和福祉与公平指标。环境问题相关指标中包括二氧化碳排放量、能源消费、物质生产率等,福祉与公平指标中包括经济增长总值、有害化学物质含量、因空气污染而住院人数等。经合组织2014年制定了绿色经济发展指标,包含了五个分组指标:(1)有关发展的社会经济背景和特征的指标;

(2)监测环境和资源生产力的指标;(3)描述自然资产基础的指标;(4)监测环境方面生活质量的指标;(5)描述政策回应和经济机会的指标。这些不同的表述均体现了绿色经济效率的两个特征:第一,经济不仅要正增长,还需"足够稳健的增长";第二,同时需要减少污染排放,提高能源效率和经济效率。

绿色经济的提出令学界认识到当前GDP核算的不足,大量研究讨论重新构建国民财富的经济核算方式。随着环境问题的日益突出,越来越多的学者认为,在估算经济发展的表现时,缺乏对环境因素的考虑会造成估算值偏高,从而扭曲对社会福利变化和经济绩效的评价(Hailu et al.,2000),因此许多学者将环境因素纳入效率以及全要素生产率的测算之中(Färe et al.,2001;Managi & Kaneko,2004)。陈诗一(2009)扩展新古典增长模型的索罗余值法将二氧化碳排放纳入其中对中国工业经济增长进行测算。涂正革和肖耿(2009)考虑二氧化硫排放的影响,利用非参数规划法研究了环境约束下中国工业增长模式。胡鞍钢等(2008)在考虑环境因素情况下对省级技术效率进行了重新排名。以上分析只是在测算中国经济效率中加入污染排放的影响,缺乏同时从投入和产出角度全面考察绿色经济的影响。

中国现阶段对绿色经济效率的测度,包含资源利用和污染排放多方面因素,更全面地考察绿色经济的效率变动。王兵等(2010)测度了考虑资源、污染排放等影响因子作用下的效率、生产率以及所含成分。刘瑞翔和安同良(2012)从投入产出角度测算了资源环境约束下中国经济增长绩效。任阳军和汪传旭(2018)将污染排放引入经济效率的评价指标体系,测算中国绿色经济效率。涂正革(2008)、金飞和张琦(2013)认为,绿色经济效率能够同时兼顾生产过程中产生的"好"产出和"坏"产出(期望产出和非期望产出)。林伯强和杜克锐(2013)将经济生产过程中的多要素投入(包括资本、劳动和能源)综合到绿色经济效率评价,其优点是可以考虑到各种不同要素之间的替代作用。

面对中国当前经济发展方式转型、提升经济发展质量以及当前效率变革的迫切需要,本书落脚的绿色经济效率是在新古典经济全要素生产率分析框架下,考虑生产运行中的多种投入要素(包括资本、劳动力和能源)以及期望产出(GDP)和非期望产出[包括二氧化硫、工业废水、烟(粉)尘和二氧化碳排放]的地区社会经济运行效率。

三、污染排放强度

污染排放是指人类活动直接或间接地向环境排放超出其自净能力的物质或能量,从而降低环境质量,给人类的生存与发展、生态系统和财产造成不利影响的现象。按污染物类型可分为:水污染、大气污染、固体废弃物污染、噪声污染、放射性污染等。当前,环境问题正日益成为世界各国所面临的共同问题。工业发展推动中国经济实现举世瞩目的"增长奇迹",但高能耗、高排放的发展道路所形成的污染问题同样严重。如今,污染排放是中国环境污染的重要方面,也是中国面临的主要环境问题。污染排放是指经济活动中所形成的废气、废水和固体排放物对环境的污染,具体包括废气污染、废水污染、废渣污染和噪声污染。按不同行业看,污染的行业分布较为集中,主要来自钢铁、造纸、食品、化工、电力、采掘、纺织等七个行业,以上几个行业废水的排放量约占全国工业废水排放总量的80%。同时,在"双碳"目标的背景下,经济活动中的二氧化碳排放强度也越来越得到人们的关注。作为最主要的温室气体,二氧化碳的排放对地球生态环境的破坏可能会产生十分严重的后果。鉴于中国经济绿色低碳转型的现实压力,本书在污染排放研究方面将纳入二氧化硫、工业废水、烟(粉)尘和二氧化碳排放量。

在已有研究中,关于污染排放的测度主要包括排放量和排放强度两种。污染排放强度是衡量污染物排放情况的指标,是指一个行业或地区在一定阶段内单位产值所产生的污染物排放量。污染排放强度越高,说明单位产值的污染物排放越多,对生态环境的破坏越大,对人类福祉的损耗也越大。本书中的污染排放强度分别以二氧化硫、工业废水、烟(粉)尘和二氧化碳排放强度来表征,它主要取决于非农产业的产出规模与所产生污染物排放量的比例。

四、能源效率

在世界能源理事会于1995年发布的《应用高技术提高能效》报告中,对"能源效率"一词的做出了解释,即"减少提供同等能源服务的能源投入"。帕特森(1996)将能源效率称为"利用更少的能源投入而获取等量的服务或有用产出"。博塞博夫等学者(Bosseboeuf et al. 1997)从两个层面来理解能源效率:一是生产层面,即在消费更少能源的前提下实现更多的产出;二是技术层面,通过技术进步和生活方式等方面的改变而减少能源消费。魏楚和沈满洪(2007)认为,能源效率是度量产出固定条件下达到最小投入的程度或者是固定能源投入下所能实现最大产出的程度。魏一鸣(2010)认为,能源效率的真正意义在于,能源消费为经济、社会以及生态环境的可持续发展所作出的贡献。王晓岭等(2015)对能源效率的理解,是以最少的能源消费获得最大的经济产出。

通过对上述研究中有关能源效率阐释的梳理,笔者认为,要准确把握能源效率的内涵,就必须紧密结合能源效率问题的属性来分析。首先,能源效率问题的本质说到底是技术效率的体现,能源效率的变化与技术的变化息息相关。王昆(2012)认为,只有当两个经济体在经济发展水平、气候条件、人口规模、产业结构、国土面积等方面的情况较为接近时,能源强度才能够体现出其能源使用效率,否则其只能够体现出一个经济体在发展过程中对能源的依赖程度。具体而言,从微观角度来说,行业属性对于企业能源强度的影响作用要远大于该企业的能源使用效率。从宏观角度来说,即使一个国家或经济体具有较高的能源强度,也不一定意味着其能源效率就低。其次,能源效率问题是一个经济问题,这主要是因为能源作为一种特殊生产投入要素参与到了实际生产当中。从宏观经济学角度理解能源效率,应把握以下两点:第一,改善能源效率的前提是确保同等数量的服务和有用产出,即保障一定的经济增长;第二,改善能源效率的根本目的是减少在生产过程中能源这种生产要素的投入量,从而降低生产成本,增强地区的经济福祉。

关于能源效率的测度问题,现有文献大多在单要素生产率研究框架和全要素生产率研究框架内进行研究。参照单要素和全要素的研究模式,在单要素生产率研究框架内测度的能源效率,被称为单要素能源效率;在全要素生产率研究框架内测度的能源效率,被称为全要素能源效率。相比于在单要素研究框架内测度能源效率,在全要素研究框架内测度能源效率时,考虑了能源以外的其他重要生产要素投入和其替代作用,更贴近经济生产实际,因此,更有说服力,也更具科学性与实际意义。鉴于此,本书的研究主要以全要素能源效率为对象,以单要素能源效率作为稳健性检验参考。

本质上,绿色经济效率是污染排放强度和能源效率的综合体现。一方面,污染排放强度的降低会提升绿色经济效率,能源效率的增加也会提高绿色经济效率;另一方面,污染排放强度与能源效率同方向增加或减少时,需要综合考虑两者对绿色经济效率的贡献。

第三节　经济集聚与绿色经济效率的研究内容及其创新

一、经济集聚与绿色经济效率的研究内容

总体思路上，本书紧扣现实背景，直面经济由粗放型高速增长向集约型高质量增长转换，即绿色经济效率提高这个中国重大现实问题，根据区域经济学、产业经济学、生态经济学、新经济地理学等理论，对经济集聚对绿色经济效率影响机制与效应展开理论分析和实证研究。从规模效应、技术效应、产业产品结构效应和政策环境效应四个方面分析了经济集聚程度对污染排放强度、能源效率和经济增长方式的影响，解释了经济集聚对绿色经济效率的影响机制，进而提出了研究假说。再次，分别对经济集聚程度、能源效率水平和绿色经济效率进行了相关测算和分析。最后，分别研究了经济集聚对污染排放强度、能源效率和绿色经济效率的影响，以此对提出的研究假说运用中国省级行政区的经验数据进行实证检验并提出提高绿色经济效率的政策建议。基于总体研究思路和研究目标，本书的主要研究内容和任务就是试图回答以下三个关键问题。

问题1：经济集聚对污染排放强度的作用方向？

研究内容：在构建经济集聚对绿色经济效率的理论分析框架下，阐释了经济集聚不同阶段对污染排放强度的影响效果和影响机制，提出经济集聚与污染排放强度之间存在非线性的关系理论假设，并且以西科恩和霍尔（Ciccone & Hall，1996）与牛房良明和友原章典（2013）的产出密度函数为起点建立经济集聚对污染排放强度影响的实证模型，利用中国省级面板数据分别运用适合的非空间和空间计量模型进行实证检验，重点分析经济集聚对不同污染物排放强度的结果差异。

问题2：经济集聚会对能源效率产生什么影响？

研究内容：同样在经济集聚对绿色经济效率的理论分析框架下，经济集聚程度在不同阶段理论阐释了对能源效率的影响效果和影响机制，提出经济集聚与能源效率之间可能存在"先下降—后提升"的理论假说，进一步从产出密度模型的柯布道格拉斯成本函数推导出理论模型并建立经济集聚对能源效率影响的实证模型。重点探讨这种影响作用是否存在空间溢出效应，以此对提

出的研究假说进行空间面板实证检验,同时分析其中的内在机理,并分别采用全要素能源效率和单要素能源效率指标规范证明了经济集聚可能表现出的能源效率"先降低—后提升"的影响作用。

问题3:经济集聚对绿色经济效率的影响机制是什么?

研究内容:这是在前两部分研究基础上的进一步分析。具体而言,绿色经济效率是在新古典经济生产率分析框架的基础上,将能源消费纳入投入变量并把污染排放作为非期望产出的经济运行效率。根据经济集聚对绿色经济效率的理论分析框架推出经济集聚导致的规模效应、技术效应、产业产品结构效应和政策环境效应四个方面在不同阶段对污染排放强度、能源效率和经济增长方式影响不尽相同。在经济集聚未形成阶段为低污染、低能效和低速经济增长;在经济聚集初步形成阶段为高污染、低能效和粗放型高速经济增长;在经济深度集聚阶段为低污染、高能效和集约型高质量经济增长。综合考虑能源效率和污染排放两个方面使用非径向方向距离函数在 Super-SBM 框架下构建能够评价中国省级行政区的绿色经济效率指标,进一步通过空间静态和动态模型实证分析经济集聚对绿色经济效率的影响,并充分考虑变量的内生性问题,对模型采取使用工具变量用系统 GMM 估计以检验模型的稳定性,通过拐点信息并结合前文理论分析得出经济集聚的影响和传导路径。

根据总体研究思路和主要研究内容,本书按照"问题提出→理论综述→模型构建→实证分析→对策建议"的逻辑准则规范组织研究:在提出问题的基础上,对本书提出的关键问题(理论分析、现状分析和实证分析)进行科学、系统、全面的分析,包括对模型的作用机理的理论阐述和数理推导,并结合现状进行分析对关键变量进行科学的测度,进一步构建实证模型,对模型进行实证检验;最后,根据分析结论提出政策建议。本书的研究思路如图1-1所示。

第二章梳理和回顾国内外关于经济集聚、污染排放强度、能源效率和经济增长相关的文献,总结已有文献对本书研究问题的贡献和不足之处,为后续研究的展开奠定了理论和实证基础。

第三章构建"经济集聚-绿色经济效率"的理论分析框架。理论上阐释了经济集聚对绿色经济效率影响的内在机制。首先从规模效应、技术效应、产业产品结构效应和政策环境效应四个方面分析了经济集聚程度在经济未形成集聚、初步集聚和深度集聚三个阶段对污染排放强度、能源效率和经济增长方式的影响,阐释描述了经济集聚对绿色经济效率的影响机制,进而提出了研究假说。其次,从西科恩(2002)与牛房良明和友原章典(2013)的产出密集函数出

图 1-1　技术线路

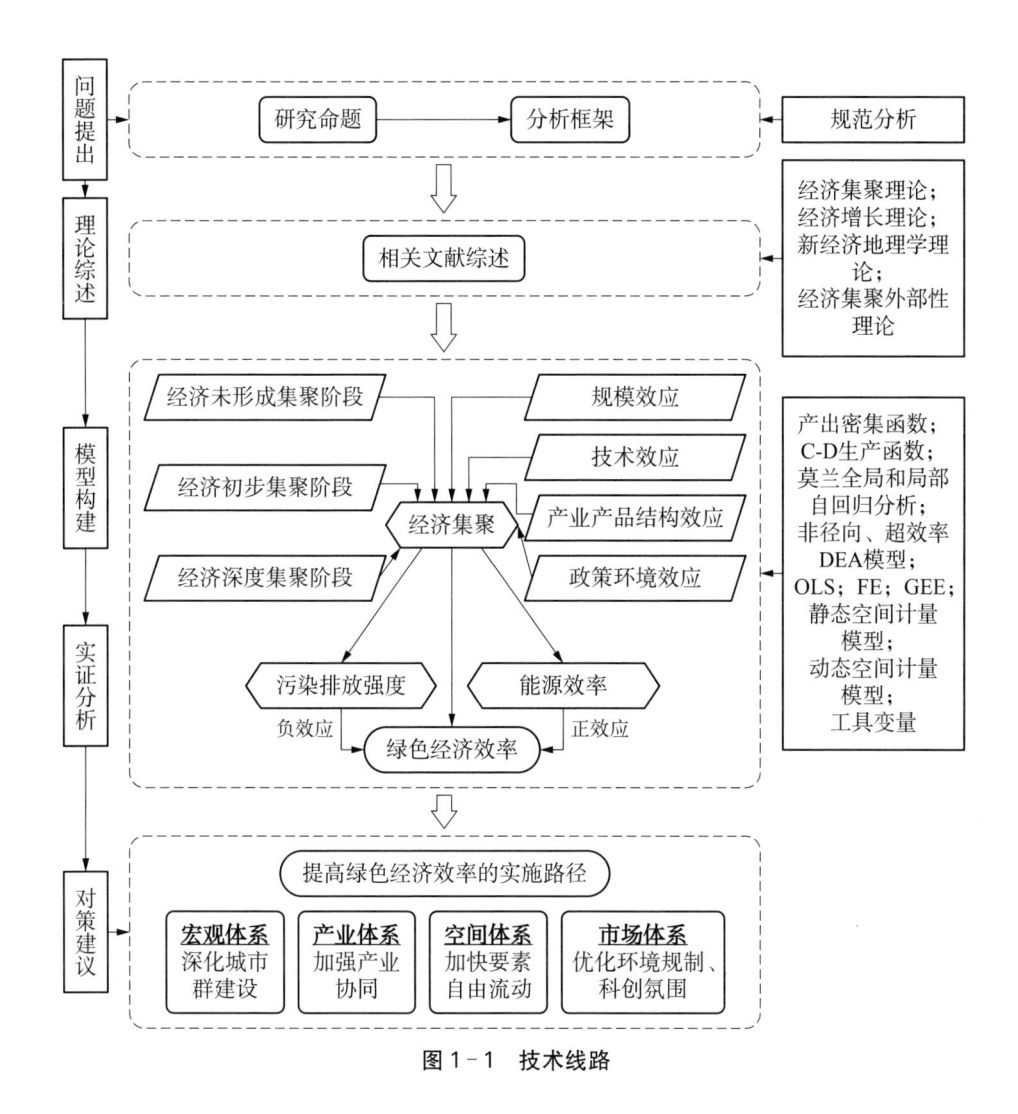

发,将能源投入和污染排放纳入生产函数,拓展并推导出经济集聚对绿色经济效率的数理模型,证实了经济集聚和劳动生产率共同影响绿色经济效率;在此基础上数理证明经济集聚、能源强度和劳动生产率共同决定了污染排放强度;并进一步通过成本函数证明经济集聚和能源实际价格决定了全要素能源效率的高低。

第四章为中国经济集聚、能源消费和污染排放的现状与特征分析。利用赫芬达尔指数、区位熵和经济密度对中国省级行政区（省、自治区、直辖市）①2004—2017年的经济集聚程度进行了测算和比较，分析了中国经济集聚、能源消费和污染排放的现状，并运用Moran'I指数分别对经济集聚、能源消费和污染排放作空间分布特征分析。

第五章为经济集聚对污染排放强度的实证分析。从第三章的理论数理模型出发构建了经济集聚对污染排放强度的计量模型，实证检验经济集聚对污染排放强度的非线性影响，以及四种污染物排放强度的异质性分析。

第六章为经济集聚对能源效率影响的实证分析。该章首先运用非径向、考虑松弛变量的Super-SBM模型科学测算了中国省级行政区（省、自治区、直辖市）2004—2017年的全要素能源效率并做简单分析；然后以第三章的理论模型为出发点，构建了经济集聚对能源效率影响的实证模型。基于中国经济省级行政区面板数据，并考虑到经济集聚和能源效率的空间效应，采用静态和动态空间面板模型实证分析经济集聚对全要素能源效率的影响并用单要素能源效率作稳健性检验，据此对提出的研究假说进行实证检验。

第七章为经济集聚对绿色经济效率影响的实证分析。使用中国2004—2017年中国省级行政区（省、自治区、直辖市）的面板数据，运用非径向方向距离函数较为准确地计算了综合考虑经济增长、污染排放强度以及能源效率的绿色经济效率，采用静态和动态空间面板模型从实证角度完善了经济集聚对中国省级层面绿色经济效率的影响。

最后为本书的主要结论与建议。总结并形成从制度角度优化区域规划战略提升经济集聚从而实现区域绿色经济效率提升的现实路径和政策建议。

本书的研究重点在于基于空间经济学相关理论在新古典经济全要素生产率的分析基础上建立"经济集聚"与"绿色经济效率"的理论联系和影响机制，构建经济集聚通过规模效应、技术效应、产业产品结构效应以及政策环境效应四个方面对污染排放强度、能源效率和经济增长方式影响的内在机理分析框架，并以此为理论基础，通过在产出密度函数中引入能源消费作为投入变量和污染排放作为非期望产出，推导出经济集聚对绿色经济效率的数理模型，并扩展出实证分析模型。之后，构建了经济集聚程度、能源效率和绿色经济效率指标，通过省级行政区的面板数据验证经济集聚对污染排放强度和能源效率的非线性关系和空间效应，验证经济集聚对绿色经济效率的影响。

---

① 台湾、香港、澳门和西藏因数据严重缺失未纳入实证分析，后同。

本书的研究难点在于：一是如何构建经济集聚对污染排放强度、能源效率和经济增长方式的理论研究框架来分析经济集聚对绿色经济效率的影响；二是怎样把能源消费作为投入要素、将污染排放作为非期望产出引入空间经济学框架重新推导演化，从而得出经济集聚对绿色经济效率影响的数理理论模型；三是怎样科学地建立经济集聚程度、能源效率和绿色经济效率指标，并运用合适的计量模型对经济集聚影响污染排放强度、能源效率以及绿色经济效率的机理进行实证检验，以及如何解决经济集聚和绿色经济效率可能存在的内生性问题。

二、经济集聚与绿色经济效率的研究创新

在新古典经济全要素生产率的分析基础上把低污染和高能效的高质量经济增长作为切入点，建立了"经济集聚-绿色经济效率"三个阶段四种效应的分析框架，使"经济集聚"与"绿色经济效率"之间的内在理论关联得以明确。

在原有经济集聚对经济增长理论的分析基础上，本书首次构建了三个阶段四种效应的经济集聚对绿色经济效率的分析框架，依次从规模效应、技术效应、产业产品结构效应和政策环境效应四个方面科学分析了经济集聚程度在集聚未形成、集聚初步形成和深度集聚三个阶段分别对污染排放强度、能源效率和经济增长方式的影响，解释了经济集聚对绿色经济效率的影响理论机制，形成了研究绿色经济的分析框架；在"双碳"目标的背景下，为研究低碳绿色经济提供了可行的分析范式。同时拓展和整合西科恩（2002）与牛房良明和友原章典（2013）产出密度函数，推导出经济集聚对绿色经济效率影响的理论模型，使经济集聚的理论研究更加充实，补充完善了集聚现象—集聚机制—集聚效应的研究范式，更新了经济集聚对绿色经济效率影响的理论分析。

通过对二氧化硫、工业废水、烟（粉）尘和二氧化碳排放强度的空间计量实证检验，不仅充实了原有经济集聚与节能减排之间实证分析结果，还为"双碳"目标下减污降碳协同治理提供了有力证据。

科学指标的构建、多种计量模型的设定、内生性问题的充分检验以及不同研究对象的考察丰富了现有的中国绿色经济效率相关的实证分析，一定程度上解释了现有实证结论不统一的问题。

第二章　经济集聚与绿色经济效率研究的萌芽与发展

经济集聚是指经济活动在某一地理区域内相对集中的现象。"以点带面、从线到片"的经济集聚模式是中国经济快速发展非常重要的特征。绿色经济效率是在新古典经济全要素生产率分析框架下，将能源消费纳入投入变量，并把污染排放作为非期望产出的社会经济运行效率。在现有经济集聚对经济增长的研究基础上，本书重点研究经济集聚在产出端对污染排放强度和在投入端对能源效率的影响，并综合分析其对低污染、高能效的绿色经济效率的作用机制，完善经济集聚对绿色经济的影响研究。本章梳理和回顾国内外关于经济集聚、污染排放强度、能源效率和经济增长的文献，总结已有文献对本书研究问题的贡献和不足之处，为后续研究的展开提供理论和实证基础。

第一节　经济集聚动力和外部性研究

一、经济集聚的源动力

马歇尔（Marshall，1890）曾经表示，要以产业经济地方化作为切入点，对于经济集聚予以全面而详细的说明。马歇尔指出，之所以会出现经济集聚这样的现象，是因为有自然禀赋的推动。反过来说，正是因为供给因素的大量出现，造成产业地方化的加剧，使得自然禀赋这种先天性优势得以出现。

经济集聚实际上是企业区位选择的宏观表现。区位论是解释经济活动集聚的重要理论依据，也是研究集聚现象的出发点。杜能（Thünen，1826）的农业区位论是对工业化前德国农业生产活动围绕城市布局的特征进行研究提出的模型。该模型设想了一个孤立的城市，城市的供应品由周围乡村的农民提供,每个农民都面临地租和运费之间的权衡取舍。阿隆索(Alonso,1964)用通勤者代替农民、用中央商务区代替孤立的城市对该模型做了重新解释。韦伯(Weber,1909)首次建立了有关集聚的一套规则和概念。他认为工业活动在某个区域是否形成集聚是集聚力和分散力平衡的结果,集聚力和分散力是两个作用方向相反的倾向。以克里斯塔勒和勒施为代表的中心地理论,假设在一片普通的平原上均匀地居住着一群农民,而为他们服务的一些活动如制造业、行政管理等,由于受到规模经济的约束而不能均匀分布。那么,在自由经济条件下,个别企业的正确区位乃是位于纯利润最大的地点,即权衡规模经济和运输成本后会产生的一个中心地区点阵。该点阵中的每个中心地区都为周围的农民服务。韦伯将造成集聚出现的缘由分成了两种不同的类型。具体来说,一方面是因为企业规模效益的出现造成工业企业集聚现象的进一步加剧。另一方面则是由于企业和企业间开展业务上的合作,造成类型不同的企业在地理位置上的集聚。勒施(Losch,1939)将"集聚"称为"集积",研究区位的相对位置时将区位的集积分为点状集积和平面集积。胡佛(Hoover,1948)在完全竞争的市场和生产要素自由流动假设下,进一步分析了交通成本和生产成本对产业区位的影响,指出生产成本与劳动力成本、集聚经济以及规模收益递减等相关。1956年,艾萨德(Isard,1956)出版了《区位与空间经济》,认为厂商对区位的选择是在运输成本和生产成本之间进行权衡,将区位问题描述为标准的替代问题。新经济地理学以"规模收益递增和垄断竞争"假设取代"完全竞争和规模收益不变"的传统假设,解释了经济活动空间集聚形成的内在机制。

美国硅谷、意大利中北部以及德国巴登-符腾堡等相关地区,均有着马歇尔集聚区经济这个显著性特征。在20世纪后叶,上述所说的几个地区逐渐出现"新经济集聚区"。在对集聚区的解释和论述上,专家学者们并没有达成统一的意见。皮奥里和塞布尔(Piore & Sable,1984)曾经明确指出,集聚区会受到市场关系、合作制度等相关因素的制约,从前者的角度来说,集聚区产品能够延伸和发展到海外行业市场,切实满足市场所需。斯托珀和沃克(Storper & Walker,1989)指出,工业化的进一步发展会造成经济集聚现象的出现。换句话讲,经济集聚现象的出现并不是由消费地等相关要素所决定。这两位学者还表示,可以从区域产业规模的视角出发,探索和研究集聚区现象的出现缘由。中国学者王辑慈(2001)则对经济集聚理论予以了全面的归纳和总结,指出经济集聚的出现要以地方劳动力市场作为先决性条件,通过企业与企业间的密切合作,形成区域性地方化网络。若要快速完成外部规模经济目标,就要对集聚区企业网络等相关内容有一个较为充分的了解。

波特(Porter, 1990)站在国家竞争力的层面对经济地方化予以了深入的研究和剖析,指出生产成本以及需求条件等是造成经济地方化现象出现的重要缘由。然而,庞德尔和圣约翰(Pounder & St. John CH, 1996)认为区位要素资源并不是经济集聚现象出现的缘由。除此之外,这两位学者表示经济集聚所出现的地方并不具备必然性。换句话来说,在经济集聚出现的地区,需要有能够推动经济集聚出现的某些具备特殊性质的企业。

新城市主义的代表人物雅各布斯(Jacobs, 1969)[①]以城市增长作为切入点,对经济集聚予以详细而透彻的研究。雅各布斯在对城市增长予以论述和说明时,明确指出城市得以快速和高效的发展,离不开城市多样化的推动。换句话来说,它能够让技术产业间知识外溢,从而极大提升了城市增长的效率与速度。在城市增长的过程中,新的生产和旧的生产有机地联系在一起,所以劳动分工也就显得更加多元与丰富。

胡佛(Hoover, 1975)明确指出经济集聚有两种不同的形式。具体来说,一种是单一经济集聚,另一种则是城市化集聚。技术的进步还有劳动力规模的进一步扩大会使得地区专业化规模慢慢降低。城市化集聚出现的主要缘由则是城市多样性的进一步提升。从外部经济的角度来说,单一产业集中程度与城市规模这两者之间总是会存在某种较为特殊的联系。而城市化进程则要将城市化经济作为其先决性条件。

拉美发展主义理论的创始人普雷维什(Prebisch, 1950)曾经表示,发达国家和在全球范围当中的其他国家共同构成了中心-外围结构。换句话来说,普雷维什表示这种中心-外围结构并不是平等的,同时国家和国家之间也有一定的差异性。弗里德曼(Friedmann, 1991)从大城市系统的角度出发,对中心-外围这种结构予以了详细而透彻的说明。弗里德曼指出,城市集约度高以及人口数量增长速度快等要素能够推动区域创新的进一步发展。对于大城市来讲,其可以通过对供给系统等科学且合理的应用,显著提升自身的支配地位,进一步提升中心-外围结构。

从空间经济学的角度而言,经济集聚模型能够分为中心-外围模型和国家贸易模型两种不同类型。利用前者能够对中心-外围结构出现的原因予以全

[①] 雅各布斯在《城市经济》(*The Economy of Cities*)书中首次提出经济多样化集聚的概念。

面而深入的探究。利用后者则能对于产业是如何发展成为集聚性予以详细而透彻的研究。无论是哪一种类型的模型,均能够证明经济集聚现象出现的缘由并不是必然的,而是具有一定的偶然性。

基姆(Kim, 1995)在对美国数据进行大量的研究和分析之后,指出规模经济和胡佛系数之间的关系是正相关。除此之外,基姆还明确指出,劳动力等相关要素集聚能够全面而系统地说明美国各州在19世纪后叶至20世纪后叶这近一百年时间当中产业的绝大多数的区域分布。埃里森和格莱泽(Ellison & Glaeser, 1999)在对20世纪后叶美国各州的数据进行系统性分析和研究之后,指出获得自然优势这个因素能够详细说明超过两成的产业集聚。格莱泽与科哈塞(Glaeser & Kohlhase, 2004)合作在2004年发表论文指出,以运输成本显著性下降作为前提条件,自然资源对经济集聚产生的影响作用力较小。

中国学者黄玖立和李坤望(2006)对相关数据资料予以大量研究和分析之后指出,经济集聚受到农业资源还有人力资源这两个方面的影响较大。市场规模因素对于经济集聚的影响较小。路江涌和陶志刚(2005)在E-G指数的层面之上对制造业在中国的集聚构成要素予以了全面而详细的分析,明确表示国内地方保护主义的出现和兴起,会对国内经济集聚的发展起到一定的妨碍。除此之外,溢出效应以及自然禀赋等要素会对制造业的经济集聚产生深刻的影响。

二、经济集聚的外部动力

新产业区理论指出了政府在产业区发展中起到的重要作用。皮奥里和塞布尔(Piore & Sabel, 1984)明确指出,政府对于合作制度的构建与实施有着极为深刻的影响。阿明和思里夫特(Amin & Thrift, 1992)则指出,集聚性的出现和发展并不是随意和盲目的。换句话而言,对于专业技术、市场融资还有制度基础等相关要素要予以高度重视。如果没有这些要素,马歇尔式增长的局面是不会出现的。

波特(Porter, 1990)在经过大量研究之后明确指出,政府和其他要素的关联是呈中性的,也就是说不单单有正外部性,也会出现负外部性。具体来说:(1)根据波特钻石模型(Michael Porter Diamond Model),生产要素的可获得性会对集聚产生一定程度的影响,同时也会受到政府优惠政策、资金市场政策等的深刻影响。同理,国内市场需求也是如此。政府的需求是一把双刃剑。

换句话说,政府需求既能够推动产业得以更深层次的发展,也可能极大妨碍产业的发展;(2)受政府影响的不单单是产业发展环境,还有企业的战略结构等;(3)相关产业以及生产要素等因素同样会对政府政策产生极大的影响。波特以产业集群作为切入点,对政府政策的实施后果予以了全面而深入的研究。然而他把侧重点放在了国家竞争优势这一点上。换句话说,他并未对产业集聚以及经济集聚的地理位置予以过多的关注。

雅各布斯(Jacobs,1969)明确指出,政府在分配资源、城市规划等方面有着不可忽视的决定性作用。具体来说,从前者的角度而言,能够推动城市新企业数量的上升。从后者的角度而言,能够推动城市出现更多让多样化集聚出现的要素。奥沙利文(O'Sullivan,2000)指出,对于地方公共基础设施而言,倘若政府能够及时和快速满足供给所需,就能够吸引到越来越多的人才加入企业,从而快速提高城市经济水平。

从新经济地理学的角度来说,经济集聚往往受到价格指数的影响,价格指数又受到政府所控制。虽然经济集聚并不会完全受到价格指数的影响,但是经济集聚通常会完全被政府政策所主导。除了政府政策外,消费群体对工业产品的支出份额、产品之间的替代性等因素同样会深刻影响经济集聚的发展。

三、经济集聚的外部性

从前人的研究成果中不难发现,经济聚集现象的出现在于它具有外部性。外部性通常能够分为两个方面。一方面是技术外部性,另一方面是金融外部性。前者是指企业的产出主要依赖其他企业的要素投入等。后者是指企业与企业间的所获得的盈利资金主要依赖产业成本上的节约。

外部性来源于集聚效应,同时能够显著提高区域技术的水平,推动区域综合竞争实力的进一步提高,从而使得新的外部性得以出现。

率先对外部性给予全面而深入论述的是马歇尔(Marshall,1890)。他在《经济学原理》中将造成经济增长出现的缘由分成了两个方面。一方面是内部经济,另一方面是外部经济。与产业集聚区内企业相比,独立于集聚区外的企业获得外部经济性的概率较低。从经济集聚机制的层面而言,它的外部性出现的原因在于网络性、创新性,以及专业化等方面,生产专业化这个特征尤其突出。学者们对于经济集聚的基本范围没有达成统一意见,对于其出现的机制的认识也没能形成一致看法。然而,通常来说,经济集聚区的产生,往往是为了满足产业发展所需。再往前追溯的话,则是企业为了创新外部环境,让分工更加专业化和多元化,大幅降低交易成本,显著提高自身的创新水平,以促使产业集聚。同样的,经济集聚区的产生又能够推动企业降低交易成本、提供专业化分工,以及创新水平的大幅度的提升。然而,帕克和马库森(Park & Markusen,1995)指出,新经济集聚区产生的核心要素在于政府和跨国企业的外生性行为。

波特(Porter,1999)指出,如果经济集聚区中的企业数量达到饱和,就会出现自我强化。他不仅仅对金融外部性予以了高度的重视,还对规模经济对于产业集群所产生的种种影响予以了高度的重视。他表示规模较大的国内市场能够推动企业投资能力以及自身技术水平的显著性提升,能够大幅提高企业生产率。反过来说,经济集聚的竞争程度越高,推动企业创新以及外部经济水平提升的能力就越强。

雅各布斯(Jacobs,1969)曾经表示,城市的出现和快速发展,能够显著提升新生企业的数量。不管从经济的角度来说,还是从社会的角度而言,城市多样性能够对城市自身的发展产生极其深刻的影响。换句话来说,它有效集中了经济与社会资源等要素,而这些要素的集中又能够从更深层的角度推动城市多样化的发展。奥沙利文(O'Sullivan,2000)指出,生产交换的先决性条件在于农业生产率,正是由于社会大众无法自给自足,城市才会形成和出现。

新经济地理学指出产业与产业间的关联性提升是技术外部性出现的先决条件。换句话来说,市场扩大效应和价格指数效应是推动技术外部性出现的主要缘由。同时,出现集聚区的核心要素也在于技术外部性。该学说虽然考虑自然地理因素对于经济集聚的出现具有一定程度的影响,这种因素对于经济集聚的出现并不是起决定性作用的。藤田昌久和森智(Fujita & Mori,1996)把中心-外围模型有机划分成两代模型。他们指出第一代模型过多地依赖于效用模型和运输技术等要素,因此对其进行了进一步的分析和研究。具体来说,他们将D-S模型垄断竞争效用函数予以了一定程度的修改,允许劳动力和区域的异质性,把经济集聚与经济增长相互有机联系在一起。

在实证方面,学者们从不同的角度对经济集聚的影响要素予以了深入的剖析。阿米蒂(Amiti,1997)对传统贸易因素和经济地理因素等相关要素予以了全面深入的剖析,指出市场规模效应和市场关联两个要素能够提升产业集中度。哈兰、欣德和科纳维克等(Haaland,Kind & Knarvik et al.,1999)

则对欧洲经济集聚相关要素予以解释和说明,指出推动经济地理集聚发展的一个重要要素是产业需求地方化。罗森塔尔和斯特兰奇(Rosenthal & Strange, 2001)从劳动力共享和自然资源等角度切入,指出劳动力共享是经济集聚的重要因素,而自然资源禀赋不同对于经济集聚的影响微乎其微。从贸易政策的角度,汉森(Hanson, 1998)指出区域经济集聚受到对外开放政策的影响较深。罗森塔尔和斯特兰奇(Rosenthal & Strange, 2001)对美国各州经济集聚现象深入研究,指出经济集聚会受到运输成本的显著影响。中国学者文玫(2004)则运用实证研究表明工业集聚现象会受市场规模和运输成本等相关要素的影响。金煜等(2006)指出文玫(2004)的研究没有考虑政府政策这个因素,对外开放政策的实施与落实与交易成本的进一步下降,是促进经济集聚现象的关键因素。

第二节　经济集聚和污染排放强度的关系研究

一、经济集聚的污染排放外部性相关理论

(一)"污染避难所"假说

绝大多数的学者都是以经济效益作为切入点来对经济集聚现象给予全面而透彻分析的,并没有以环境外部性理论的角度对经济集聚予以研究。

沃尔特(Walter, 1973)和厄格洛(Ugelow, 1979)对"污染避难所"这个假说予以初步的说明,表示企业成本会严重受到环境规制的影响。奥茨和沃力斯(Oate & Wallace, 1988)在此基础之上,构建局部均衡模型对其予以了更为全面而具体的研究。科普兰和泰勒(Copeland & Taylor, 1994)对经济发展的要素予以了高度的重视,以科普兰-泰勒模型(Copeland-Taylor model)对"污染避难所"假说予以了更深层次的说明。他们表示,从国际贸易活动的角度来说,国家和国家间的环境规制强度有所差异,会造成企业的生产成本也有所区别,导致企业自然而然向生产成本较低的区域靠拢,污染密集型产业集聚也就由此出现。然而,从另一个角度看,科普兰和泰勒表示从某个方面说,环境规制使得污染集中现象进一步加剧。但波特(Porter, 1990)提出的"波特假说"指出如果企业进行更高层次的创新,自身的生产效率能够显著提升,污染排放强度也会随之降低。

"污染避难所"假说的形成与出现,能够让一部分欠发达国家认识到,为了国家自身的经济水平能够显著性提高,过于重视外商投资的行为,而没有对污染排放的规制予以高度重视,会导致污染产业的集聚,使得当地的环境遭受到严重污染。

(二)环境库兹涅茨曲线

1971年诺贝尔经济学奖获得者库兹涅茨(Kuznet,1955)依据推测和经验提出了经济发展与收入差距变化关系的倒U形曲线假说。从库兹涅茨曲线当中能够看到,在经济快速发展的阶段,地区的收入分配并没有朝着良好的方向发展。经济发展到一定程度之后,收入分配情况将会得到显著性的改善。在20世纪后叶,格罗斯曼等学者对跨国数据予以了深入的研究,指出污染物排放和地方经济水平这两者所呈现出倒U形曲线,和库兹涅茨曲线形态相似,因此称为环境库兹涅茨曲线。

(三)"污染天堂"假说

经济集聚现象的出现,也就意味着企业的流动性非常强。从企业的角度来说,不单单要对选址区域的经济政策以及财税政策予以充分的研究,还要对相关的环境规制政策予以高度重视。换言之,环境政策的制定与实施会使得企业支出更多的额外生产成本。"污染天堂"假说与"污染避难所"假说的相似程度较高。然而在现实当中有没有出现"污染天堂"这种情况,就现阶段而言,理论界还没有形成一致的看法。

埃德林顿(Ederington,2005)指出,从经济发达国家的角度而言,之所以会出现大面积的经济集聚现象,是因为种种经济原因的出现,而并不是受到环境规制的深刻影响。除此之外,倘若企业生产规模与早期相比有了明显的提升,那么排污成本的占比就会明显下降。换句话说,生产率的大幅度提升,也会使得排污成本问题得到有效的处置,所以"污染天堂"这种情况出现的概率非常低。

从经济地理学的角度看,经济集聚现象的出现并进一步加剧的主要原因是运输成本的大幅度降低。如果地区集聚程度得以显著性提升,那么"拥挤效应"就会出现。能够明显看到的是,污染排放强度上升是"拥挤效应"的外在体现。对于经济集聚环境相关的分析,涵盖了生态经济学以及区域经济学等多项内容。学者们以负环境效应、正环境效应和复杂环境效应等为切入点。后文对其予以全面而深入的阐述。这里负环境效应指的是污染排放问题的严重化,而正环境效应指的是对污染排放问题有缓解作用,复杂的环境效应指的是可能存在非线性的关系。

二、经济集聚提高污染排放程度的研究

当前,中国的城镇化进程不断加快,而在简单的集聚模式之下,地区经济的集聚又在某种程度上加剧了污染排放问题。不少经济学者对经济集聚与污染排放强度问题予以高度关注。

侯凤岐(2008)对地区内外污染排放的不同情况进行分析,认为两类空间均存在污染排放问题,但与地区内相比,地区外经济集聚所产生的污染排放问题显然要严重得多。基于区域资源环境的承载力视角,郑季良(2008)指出经济集聚也会在某种程度上产生污染排放问题。丘兆逸(2012)从国际垂直专业化集聚的层面出发,加大对污染问题的研究和分析力度,指出一旦超过集聚程度的拐点,污染排放强度将呈现出逐渐上升的趋势。基于对空间联立方程模型方法的客观分析,汪东芳、张可(2014)发现,经济集聚将使污染排放变得更加严重。基于对多个测度指标的运用,谢晗进、刘满凤(2014)结合空间相关性检验的方式,对经济集聚可能导致污染集聚的观点进行了有效检验。在对越南河流污染排放强度源的分析过程中,越南学者达克等(Duc,2007)将河流水源污染的来源归结为工业废水中有机氮、磷和碳等成分的存在。基于大量数据的分析,张俊(2018)得出了如下结论:虽说对降低本地区的污染排放强度而言,多样化的集聚能发挥一定的作用,但邻近地区的专业化集聚却会让本地区的污染排放强度有增无减。

三、经济集聚降低污染排放强度的研究

事实上,贯穿于整个经济发展过程的,除了那些负外部性之外,正外部性也是存在的。鉴于此,部分学者重点分析了经济集聚所产生的正环境效应(降低污染排放强度)。

基于鲍德温等(Baldwin,2003)的自由资本模型,日本神户大学的曾道智和赵来勋(Zeng & Zhao,2009)在新经济地理学模型中引入了跨部门,甚至是跨界污染方面的内容,从其最终的分析结果不难看出,虽说制造业集聚可在某

种程度上降低"污染天堂"效应,在严厉的环境规制之下,这种效应存在的可能性将变得更小。李伟娜、杨礼琼(2011)以两类集聚及其不同的外部性为出发点,最终得出如下结论:无论是多样化,还是专业化的集聚,都将在某种程度上产生一定的正效应。从生命周期角度,闫逢柱等(2011)提出,在缓解污染排放强度问题的过程中,中国短期内的经济集聚将发挥一定的促进作用。在明确集聚程度的代理变量——人口规模之后,冯皓、陆铭(2014)提出集聚程度的提升将在某种程度上为污染排放强度的降低创造条件。刘习平、宋德勇(2013)积极引入STIRPAT模型分析城市、集聚所产生的环境效应,指出二者均与正环境效应之间形成正相关关系。随着面板数据联立方程模型的构建,李勇刚、张鹏(2013)逐渐将分析的重点转移到不同的空间尺度上,发现在降低污染排放强度方面,经济集聚也起到了不小的作用。李顺毅、王双进(2014)通过对三种主要污染物的综合分析,得出了经济集聚有利于国内主要工业污染排放强度降低的结论。通过联立方程来分析经济集聚和污染排放强度的内在性问题,石思文、周锐波(2018)认为,在改善生态环境方面,中国经济集聚过程中产生的技术溢出和知识共享效应功不可没。刘宁宁(2018)也通过实证分析的方法,对制造业多样化、专业化集聚所产生的影响进行分析,最终发现:专业化集聚并不会显著改变污染排放强度问题,但多样化集聚却可以对污染排放强度问题起到一定的缓解作用。

四、经济集聚对污染排放强度的非线性关系研究

反观经济集聚本身,其实已存在以下两个特点:其一是在不同的发展阶段存在一定的差异;其二是存在明显的区域差异。鉴于此,我们可以判定经济集聚和污染排放强度之间的关系,未必是一种单向的线性关系,而从某种程度上反映出一种特殊的非线性和区域异质性关系。正因如此,部分经济学者将研究的重点放在了经济集聚复杂的环境效应上。

第一,体现在二者之间N形关系的研究上。李伟娜等(2010)、邵泓增、纪玉俊(2018)分别侧重于分析经济集聚与节能减排、制造业经济集聚与各类型污染物排放之间的关系研究。第二,体现在二者之间倒U形关系的研究上。李筱乐(2014)和杨仁发(2015)都在科普兰-泰勒模型中引入了集聚函数,而且采用了不同的限变量,但工业集聚和污染排放强度之间呈现的倒U形关系并未发生丝毫变化。基于"新常态"前后两个不同阶段的分析,刘苏峡等(2017)

认为工业污染水平的提升,在某种程度上归功于经济集聚的诞生,然而,在中国经济顺利进入"新常态"之后,它所产生的污染排放强度却呈现出一定的减弱趋势。以京津冀地区的城市为分析对象,王帅和周明生(2018)重点对以下两种类型的经济集聚和污染排放强度之间的关系进行了考察:一是制造业集聚,二是制造业及服务业之间的协同集聚。研究结果表明,前者与污染排放强度之间的倒 U 形关系较为显著。王洁(2018)在设立"城市外商直接投资水平"门槛之后发现,经济集聚和污染排放强度之间呈现出一种倒 U 形的非线性关系,而且前者对后者的作用效果也逐渐呈现出一种双重门槛的特征。王磊等(2018)也从不同空间尺度的角度出发,进行了必要的研究和分析,最终发现:在再生资源的经济集聚快速发展的过程中,污染排放强度进一步加剧,而且两者之间呈现出倒 U 形。基于国内 30 个省份的面板数据,朱英明(2018)也明确了二者之间的这种倒 U 形关系。但在具体的分析过程中,他不仅充分运用了经济集聚和污染控制因素的一般均衡模型,同时设置了新型城市化这个门槛变量。第三,主要体现在经济集聚环境效应的另一特征,即区域异质性分析上。基于对中国大部分城市工业集聚的客观分析,沈能(2014)得到了如下结论:(1)中西部大部分城市工业集聚对环境产生的影响,主要在规模负外部性方面得以体现,处于 U 形曲线的下降阶段;东部大部分城市的多样化、专业化集聚则体现在正外部性上,与 U 形曲线的上升阶段相近。以中国经济发展水平存在较大差异的三大地区为研究对象,苏芳(2015)发现,在经济水平较高的地区,经济集聚所起到的改善作用将更明显。雷社平等(2018)主要从陕西关中地区着手进行分析,明确了经济集聚和污染排放强度之间的这种特殊关系——倒 N 形。邵帅等(2019)也在牛房良明和友原章典(Ushifusa & Tomohara, 2013)产出密度模型的基础上进行了一定程度上的拓展,通过理论和实证分析的方法,从节能与减排两个维度着手进行分析,进而发现:无论是经济集聚与碳排放强度之间,还是经济集聚与人均碳排放之间,都呈现出一种典型的倒 N 形关系,而能源强度与二者之间的关系则呈现为倒 U 形。在经济集聚对碳排放强度所产生的影响分析中,能源强度已然成了一个中介变量。

第三节　经济集聚和能源效率的关系研究

时至今日,中国经济的发展速度越来越快,但源自环境约束、能源供需失衡的威胁也变得更加明显。尤其是在能源效率的问题上，学术界逐渐加大了关注力度，部分学者开始从不同视角出发，着手进行探索性研究。笔者在认真梳理后发现，学者们对能源效率问题的研究主要基于以下几个视角：第一，从产业结构的角度着手进行研究。如丹尼森和庞斯勒（Denison & Poullier, 1968）、弗莱雷-冈萨雷斯等（Freire-González, 2017）、魏楚及沈满洪（2007）和齐肖攀等（2013）。第二，从技术进步的角度出发进行研究。如加尔巴乔（Garbaccio, 1995）、宣烨及周绍东（2011）。第三，从经济发展水平角度着手进行分析。如库默（Kumar, 2006）、郑凌霄和赵敏静（2012）。第四，从城镇化与能源效率之间的关系着手进行研究。如科尔和纽梅耶（Cole & Neumayer, 2004）、宋炜及周勇（2016）。第五，从能源价格的角度着手进行分析，以观其是否对能源效率的提升有利。如纽厄尔等（Newell, 1999）、考夫曼（Kaufmann, 2004）、王俊杰等（2014）。第六，从企业规模的角度着手进行研究。如师博和沈坤荣（2013）。第七，从FDI、对外开放与能源效率之间的关系着手进行研究。如瓦格纳（Wagner, 2008）、范如国和孟雨兴（2015）。第八，从市场改革、产权改革与能源效率之间的关系着手进行研究。如费舍尔-万登等（Fisher-Vanden, 2004）、魏楚和沈满洪（2007）。第九，从环境规制的角度出发，着手研究其对能源效率所产生的作用。如波特和林德（Porter & Linde, 1995）、杨志江和朱桂龙（2017）。虽说基于各种视角的能源效率问题研究已经相对成熟，但基于经济集聚的能源效率问题研究却依然处于起步阶段。从现有文献资料中不难发现，基于经济集聚的能源效率问题研究虽也取得了一定的成果，但在最终的结论上却难以形成统一。接下来，本书将从以下三个方面着手进行评述。

一、经济集聚抑制能源效率的研究

从2000—2010年中国省级制造业20个行业面板数据着手对专业化、多样化经济集聚的作用机制进行分析之后，乔海曙等（2015）提出了如下观点：相较于多样化集聚，制造业经济的专业化集聚在能源效率提升过程中将产生更多的促进作用；但基于过度产业竞争的专业化集聚，对能源效率的提升而言是不利的。李伟娜（2016）充分运用实证分析的方法，着手分析了美国制造业的相关数据，结果表明：对能源效率的提升而言，集聚程度的降低反而能起到更大的促进作用。程中华等（2017）对中国285个地级及以上城市2004—2013

年的面板数据进行分析,最终的结果显示:就总体而言,全国制造业的集聚将对能源效率产生一定的负效应。

二、经济集聚促进能源效率的研究

基于实证分析方法,刘苏峡(2017)对中国285个城市2004—2013年的面板数据进行分析。结果表明:在能源效率的提升方面,全国层面上的经济集聚可发挥一定的促进作用。基于经济集聚可促进能源效率提升的假设,陈媛媛、王海宁(2010)客观分析了中国25个行业在2001—2007年的相关数据,最终的结果显示:在能源效率的提升方面,经济集聚所发挥的促进作用是极为显著的。基于对江苏高新技术企业微观数据的实证检验,李思慧(2011)得出结论:在企业能源效率方面,经济集聚所发挥的促进作用是正向的,而且较为显著。基于相关研究,师博、沈坤荣(2012)提出经济集聚可有效提升能源效率,具体途径包括技术溢出和基础设施共享。韩峰等(2014)实证分析了中国2003—2011年的城市面板数据,同样得出了经济集聚可在某种程度上促进能源效率提升的结论。

三、经济集聚对能源效率的非线性关系研究

基于中国36个工业行业在2000—2010年的面板数据,范丹、王维国(2013)通过分析工业能源效率的驱动因素问题,发现经济集聚和工业能源效率之间的关系呈现为U形。师博、沈坤荣(2013)的分析发现,在能源效率的提升方面,基于市场机制主导的企业集聚可发挥一定的促进作用,但因政府干预、环境治理"搭便车"现象的出现,二者之间的关系将呈现出U形变动的特征。基于中国31个省份2003—2011年的面板数据,孔群喜、汪丽娟(2014)对基于贸易开放条件的能源效率所受经济集聚的影响进行分析,结果发现:在能源效率方面,经济集聚所产生的影响主要表现在贸易开放的门槛效应上。在贸易开放水平较低的情况下,经济集聚无法产生显著的影响;但当其超过一定的门槛值后,其影响将变得显著起来。基于中国制造业20个行业2002—2012年的面板数据,赵娜、纪玉俊(2016)充分运用门槛回归方法对经济集聚与能源效率之间的关系进行了分析,结果表明:从全行业及非技术密集型行业样本的角度来看,在经济集聚程度处于低或较低水平的情况下,经济集聚的正向促进

作用较为显著;在集聚程度较高的情况下,反而会产生一定的负效应。

第四节 经济集聚和经济效率的关系研究

一、经济集聚对经济增长的理论研究

由佩鲁(Perroux,1955)提出,并被米达尔(Myrdal,1957)、布德维尔(Boudeville,1966)等完善的增长极理论中明确了经济活动空间集聚与经济增长之间的关系。该理论认为,地区经济的均衡发展只是一种极为理想的状态,现实中经济增长将会由"增长中心"传递给其他部门或地区。其中,"增长中心"的推动作用包含了以下思想:对区域经济的增长而言,特定地理空间的产业集聚可发挥一定的带动作用。罗默(Romer,1986)正式构建了内生经济增长模型,明确提出了内生技术的进步将在某种程度上促进经济的增长,而这种经济增长主要在创新活动集聚的区域内出现。这个模型侧重于对经济增长的动态机制进行研究,在空间维度方面的分析较为匮乏。因此,该模型无法直接揭示对产业空间集聚与经济增长之间的关系。

事实上,关于经济活动空间集聚能否促进经济增长的问题,已成为经济地理领域的基本问题。尤其是在克鲁格曼(Krugman,1991)开创新经济地理学[①]以后,学者们纷纷将研究的重点放在经济集聚这种经济增长空间因素上。无论是城市,还是集聚区,均成为经济活动集聚的重要场所,支撑着整个集聚经济。藤田昌久和森智(Fujita & Mori,2005)明确指出,新经济地理学的经济增长理论与传统经济增长理论的主要区别在于,前者在分析框架之中成功引入了空间维度,从而使城市经济增长的理论分析模型面临各种技术难题。其中最大的难题在于,在两地或多地区的理论模型中引入经济主体在区域间进行迁移、集聚或离散的决策。从现有的理论文献来看,大多对经济活动集聚有助于对经济增长的结论表示支持。从新经济地理学的经济增长理论中不难发现,它已然将市场完全竞争的假设放弃。迪克西特和斯蒂格利茨(Dixit &

---

① 克鲁格曼(1991)在《政治经济学杂志》上发表的《报酬递增和经济地理》和藤田昌久(1988)在《区域科学和城市经济学》上发表的《空间集聚的垄断竞争模型:细分产品方法》,则完成了对D—S模型空间意义的解释,可被视为新经济地理学研究的开山之作。

Stiglitz, 1977)提出的垄断竞争模型,被不少学者视为新经济地理中与经济集聚、经济增长等相关分析的理论基础。其中,最早将内生经济增长理论和新经济地理理论结合在一起的是恩格尔曼和沃尔兹(Englmann & Walz, 1995)。马丁和奥塔维亚诺(Martin & Ottaviano, 2004)在罗默(Romer, 1990)、格罗斯曼和赫尔普曼(Grossman & Helpman, 1991)内生经济增长理论的基础上,顺利地引入了克鲁格曼(Krugman, 1991)、维纳布尔斯(Venables, 1996)的新经济地理框架,在此基础上明确了经济集聚和经济增长之间的关系,即互动促进关系。

在完全抛开劳动力自由流动和产业垂直联系机制之后,鲍德温(Baldwin, 1999)提出了资本创造模型。从这个模型中不难发现,对经济集聚而言,需求关联的循环因果关系将产生一定的驱动作用,而资本的空间集聚将会导致市场拥挤效应的出现,从而形成一种"离心力"。基于对集聚"向心力"与"离心力"的比较分析,能够做出产业空间布局的最终决定。这个模型将经济区位与经济增长之间的关系明确为相互影响的关系。基于内生增长理论和新经济地理理论之间的有机结合,马丁和奥塔维亚诺(Martin & Ottaviano, 1999)提出了内生增长与产业选择相互作用的理论模型,并通过这个模型进行了如下分析:一是经济增长通过影响企业区位的选择,进而对经济活动空间分布及其动态过程造成一定的影响;二是技术进步率受企业区位决策、经济地理决定的影响。这个理论模型覆盖率落后和富裕两个地区,企业将在两个地区之间做出相关决策。在知识溢出效应覆盖全局的情况下,落后地区的经济集聚并不会对经济增长产生任何影响;只有在局部出现知识溢出的情况下,经济活动才会在一些富裕地区集聚,从而在降低地区交易成本的同时,加快其创新速度。由此可见,经济集聚无论是对经济增长,还是创新而言,无疑都是有利的。在创新速度不断加快的情况下,富裕地区的经济集聚极有可能对落后地区的经济损失进行抵偿,从而使两个地区均出现经济增长。根据这个理论模型,决策者必须在局部地区经济的发展与全局平衡之间进行权衡。基于经济增长与经济活动集聚联合决定的理论模型构建,马丁和奥塔维亚诺(Martin & Ottaviano, 2001)明确了经济增长与经济集聚之间的关系,即相互自我强化。也就是说,某一地区的经济活动集聚将会通过货币外部性来实现创新成本的大幅度降低,从而在某种程度上刺激该地区的经济增长。新成立企业在选址过程中,都会倾向于毗邻创新部门,因此,经济增长又可以在某种程度上促进集聚。从一个两地区的模型中不难看出,创新部门以差异化的产品为投入,在具体的生产过程中完全满足了规模报酬递增的假设。但因贸易成本和规模报酬递增之间存在一定的交互作用,以至于差异化的产品部门将在经济增长速度较快的市场得以集聚。由此可见,经济集聚水平将在与经济增长前向联系发展的过程中得以提升。经济活动的集聚又可通过集聚区内部创新成本的降低,来实现促进经济增长的目的。正因如此,经济增长速度将在与经济集聚后向联系发展的过程中得以提高。鲍德温和福斯里德(Baldwin & Forslid, 2000)在克鲁格曼(Krugman, 1991)的经济地理框架中,成功地引入了罗默等(Romer, 1990)的内生经济增长理论,并在二者有机融合的基础上提出了另一个理论模型——基于长期经济增长与产业布局内生决定的模型。从该模型的推演过程中不难发现,经济增长将为集聚提供强大的向心力,而知识溢出效应则为其提供一定的离心力。对整个经济活动而言,知识交易成本的下降将为其离散化进程提供助力,商品交易成本的降低则有利于其空间集聚。无论是对富裕地区,还是落后地区而言,经济活动的集聚都有利于其经济增长。基于核心边缘模型与内生增长模型之间的有机结合,藤田昌久和蒂斯(Fujita & Thisse, 2003)进一步拓展了理论分析,基于研发部门创新活动与技术工人间知识外部性存在一定关联的假设,通过分析得出如下结论:经济集聚可激励额外增长,并促进一个帕累托占优结果的形成。创新速度会因经济活动集聚程度的提高而加快,在集聚所产生的增长效应到达某一程度之后,相较于分散状态下的经济增长,边缘地区集聚状态下的经济增长幅度显然更高。基于相关研究,山本和广(Kazuhiro Yamamoto, 2003)提出一个与马丁和奥塔维亚诺(Martin & Ottaviano, 2001)类似的模型——经济增长与经济集聚循环因果模型。这个模型认为经济增长和经济集聚的互动渠道,主要在于中间产品和创新部门之间的垂直联系,因此在经济集聚与增长理论模型的构建过程中,需要切实将中间产品部门的各种创新因素考虑在内。这个两地区的模型是基于制成品和差异化中间产品彼此需要的假设的。从其理论推演过程中不难发现,经济体主要存在以下两种稳定状态:其一是在制成品运输成本相对较低的情况下,中间产品部门在某一地区的集聚,此时可实现经济增长率的最大化;其二是在两个地区均对制成品进行生产的情况下,中间产品将平均分布于这两个地区。在中间产品运输成本达到一定程度之后,经济体将无法实现经济增长。从资本流动的角度出发,鲍德温和马丁(Baldwin & Martin, 2004)对经济增长过程中经济集聚所产生的作用进行展示,并在此基础上得出如下结论:资本集聚与资本流动性之间的相互作用将在某种程度上促进资本集聚的形成,而基于局部溢出的经济活动集聚将导致大量创新活动出现，从而使地区经济得以增长。基于两国模型的构建，广濑京子和山本和广（Kyoko Hirose & Kazuhiro Yamamoto，2007）在国际知识溢出对称、非对称这两种情况下，对经济集聚激发经济创新增长进行考察，并得出结论：对一个国家而言，经济活动的集聚有利于创新成本的降低；在创新部门的再布局过程中，其主要影响因素除了运输成本之外，还包括国际化知识溢出。对一个国家的经济增长水平而言，有两个核心关键因素：一个是运输成本水平，另一个是吸收国际知识溢出的能力。藤岛昭（Kondo，2013）的城市增长模型不仅具备了一定的微观基础，还涵盖了两个地区及大量极具流动性特征的劳动。在理论模型的构架过程中，藤岛昭主要运用了一次性博弈的方法，同时，通过演化博弈的方法来对经济增长、经济集聚和城市拥挤之间的作用进行分析。基于兼具内生增长和新经济地理理论模型的构建，以及对大量相关文献的研究和分析，切里纳和穆雷杜（Cerina & Mureddu，2014）得出了结论：现有的绝大多数与新经济地理学模型相关的文献资料，都未对产业区域经济增长差异受产业活动空间集聚的影响进行分析。他们希望通过一个额外的非贸易品（受益于本地化知识溢出）来拓展经典模型。结果表明，在边缘区域，经济集聚将在某种程度上对经济增长产生抑制作用，而中心区域的集聚则对经济增长产生促进作用。正因如此，两个区域的经济集聚将产生以下两种结果：一是边缘区域的经济集聚，导致其经济增长速度有所放缓；二是从整体方面来看，经济集聚将对其实际收入产生一定的负效应。当下美国和欧盟国家纷纷出台了支持产业分散的政策，这些政策可能会增进区域或整体的福利，从而使区域之间的收入差距进一步缩小。

二、经济集聚对经济增长的实证研究

现有研究关于经济集聚与增长关系的理论分析逐渐趋于成熟和完善，与其相关的经验和实证分析的内容也变得日益丰富。大多数实证分析，都证实了经济集聚可产生一定的经济增长效应。当然，也有部分学者认为，这种经济效应的产生，必须基于特定的条件。基于对欧美国家相关数据的梳理和分析，西科恩和霍尔（Ciccone & Hall，1996；Ciccone，2002）从就业密度和劳动生产率以及工资之间的关系出发，着手对经济集聚与经济增长之间存在的关联性进行分析和展现。通过理论和实证分析，布劳纳希约姆和博格曼（Braunerhjelm & Borgman，2006）也对经济集聚与劳动生产率之间的关系进行了证实,并明确了二者之间存在的正向的统计关系。基于欧洲 48 个国家 1995—2006 年相关数据,沃格尔(Vogel,2012)对经济集聚与工资之间的关系进行了分析。结果表明,集聚水平的 1 个标准差可以实现人均资本收入 15% 的增长幅度。基于对中国城市规模与生产率问题的分析,李和吉布森(Li & Gibson,2015)对人均产出受城市规模的影响程度进行了客观检验。结果显示,现存的大多数研究,都对中国城市的实际规模进行了错误的度量。中国基本实现生产率最大化的城市占比已高达 80%,数以百万计的非户籍城市劳动力与城市生产率最大化之间的相适应,是对中国经济地理格局的一次重塑。基于欧洲六个国家相关数据的使用,斯博格米(Sbergami,2002)对制造业集聚与总体经济增长之间关系进行了分析,并充分借助巴罗(Barr,1995)的传统经济增长方程来对制造业就业人员的地理集中与国民生产总值增长之间的关系进行了分析。除此之外,斯博格米还分别利用基尼系数、泰尔指数、克鲁格曼集中率指数对经济集聚情况进行如实反映。最终结果显示,制造业企业的集聚未必对经济增长产生正向的促进作用;与此同时,经济集聚和经济增长之间的关系较为复杂,不可能是一种简单的线性关系。经济集聚想要在经济增长的过程中发挥促进作用,应具备特定的条件,二者之间的关系可能呈现出一定的非线性特征。威廉姆森(Williamson,1965)的分析发现,经济集聚对经济增长的促进作用,主要发生于早期阶段。须知,早期的交通和通信设备都是相对落后的,资本市场的作用范围也受到了很大的限制。此时,生产活动的空间集中可有效提高经济效率。但在基础设施设备不断完善、资本市场范围不断扩大的情况下,拥挤外部性将对经济活动空间的离散化布局产生一定的推动作用。基于对美国各州二位数制造业集聚度的测算,克鲁格曼(Krugman,1991)发现,许多制造业都有较高的集聚度,传统观念中高科技产业集聚度较高的固有思维已然被打破。这个发现与德弗鲁等(Devereux,1999)的分析结果存在很大的相似之处。出于对空间连续性之下产业区位因素的考虑,迪朗东和奥弗曼(Duranton & Overman,2005)提出了一种基于地理距离的经济集聚水平指数 K-density,并充分结合实证验证的方法,对英国制造业的样本进行了检验。结果显示,大多数经济集聚发生的空间范围都在 50 千米以下。

从中国的相关研究来看,曹丽莉、罗勇(2005)通过实证分析发现,中国制造业的集聚地区具有显著的差异特征。无论是制造业,还是技术含量较高的产业,均在沿海发达地区得以集聚;相比之下,西部地区制造业的空间分布呈现出分散且水平较低的特点。当然,制造业的集聚发展在促进当地经济增长的同时,也将加剧区域经济的不均衡现象。基于对中国各省25个产业面板数据的使用,薄文广(2007)对集聚外部性与经济增长之间的关系进行了分析。结果表明,专业化集聚与产业增长之间的关系呈现为一种负向关系,多样化集聚则与之呈现为一种非线性的关系。也就是说,在多样化集聚程度较低的情况下,经济集聚将对经济增长产生一定的负面影响;在集聚程度达到某一临界值时,多样化集聚将产生一定的正向促进作用。潘文卿、刘庆(2012)通过大量的工业企业数据对制造业集聚与经济增长之间的关系进行证实。结果显示,两者之间存在一种正向关系。在积极构建空间集聚与经济增长的面板联立方程组的基础上,陈得文、苗建军(2010)对经济集聚与增长之间的内生关系进行了实证分析,并通过省域1995—2008年的相关数据,充分结合GMM以及OLS方法来对二者之间存在的互动关系进行有效识别。从经济集聚水平对三大区域经济增长所产生的影响看,区域经济集聚与增长之间为U形关系。对区域空间的集聚而言,经济增长将对其产生一定的门槛效应。基于类似的分析,孙浦阳(2011)验证了威廉姆森的假说[①],即在经济发展过程中,因经济活动集聚而产生的红利将会逐渐减少,尤其是在对外开放程度不断提高的情况下,人口集聚对经济增长的作用必将削弱,从而使空间集聚对经济增长的作用变得不确定。覃一冬(2013)通过对中国省级面板数据的实证分析发现:在运输成本有所降低的情况下,空间集聚对经济增长所产生的促进作用将被削弱;尤其是在运输成本低到某一程度时,集聚拥挤效应甚至会对经济增长产生一定的阻碍作用。刘修岩(2012)通过一系列地市级数据对集聚的经济绩效进行验证,并通过以下两个指标对经济绩效进行测度:其一为人均国民生产总值的增长,其二为全要素生产率的增长。结果表明,在经济水平发展到某一程度后,经济集聚不仅无法促进经济增长,甚至有可能抑制经济增长。当然,以上实证检验都是基于经济集聚与发展水平交互项抑或是集聚二次项的增加,进而对威廉姆森的假说进行验证的。基于门限回归模型的使用,徐盈之等(2011)采取了国民生产总值的初期值这个门限变量,对经济集聚所产生的非线性作用进行了验证。结果显示,一旦超出门限值,经济的空间集聚就会在某种程度上抑制经济增长率的提升。魏玮、马松昌(2013)沿袭了布若哈特和斯博格米(Brülhart & Sbergami,2009)的思路,对经济集聚与增长之间存在的非线性

[①] 威廉姆森假说认为,空间集聚在经济发展初期能显著促进效率提升,但达到某一门槛值后,空间集聚对经济增长的影响变小,甚至不利于经济增长,拥挤外部性更倾向于分散的地理空间结构。

关系进行了有效检验,并对过度集聚所引发的规模不经济现象进行了揭示。侯淑霞、王雪瑞(2013)则通过实证分析的方法,充分运用空间联立模型分析经济集聚与增长之间存在的内生关系,对二者之间相互促进的互动关系进行了证实,指出其间并未出现拥挤效应。简言之,现有的与经济集聚对经济增长及劳动生产率的增进作用相关的研究,大多侧重于对人口或工业企业集聚所产生的作用进行分析。从具体的分析方法上来看,主要还是对截面和面板数据模型的应用。

三、经济集聚对绿色经济效率的研究

在能源消费总量不断增加,污染排放问题日益突出,绿色经济备受各级政府的关注和重视的情况下,学者们开始从一些全新的领域着手进行经济集聚研究,逐渐加大对绿色经济效率提升途径方面的研究力度,以期通过生产企业集聚的优势,充分利用以下各种途径来实现绿色经济效率的提升:(1)集聚园区推广;(2)传播环保知识;(3)树立节能减排龙头企业;(4)扩散节能减排技术;(5)进行环境规制和集中监督等。

虽然当下关于经济集聚对绿色经济效率影响方面的研究并不在少数,但它们并未形成统一的结论。

第一种结论是认为经济集聚对绿色经济效率提升具有一定的促进作用。钟廷勇等(2015)基于新经济地理学和空间集聚理论角度,充分结合中国7个行业在1998—2009年的面板数据,并通过空间动态面板的SDM模型,对经济集聚外部性与绿色效率之间存在的关联进行分析。结果表明,对绿色经济效率而言,文化经济的集聚将对其产生显著的正向影响。经过相关研究,潘雅茹等(2017)也得出了经济集聚对绿色经济效率可起到一定促进作用的结论。与此同时,他认为二者之间存在一种稳健的倒U形关系。在经济效率的提升过程中,经济集聚所表现出的门槛特征也是极为显著的。为了实现经济集聚对绿色经济效率的促进作用,应首先确保其区位熵水平在较高数值以上。在各地区之间联系程度不断提高的情况下,应考虑的一个经济集聚重要因素是空间溢出的效应问题。正因如此,沈能(2014)出于空间溢出效应的考虑,对经济集聚与绿色经济效率之间的关系进行了分析,在此基础上明确了相近地区经济集聚与绿色经济效率之间的关系特征,即具有一定的连续性和黏滞性,且空间上存在趋同效应。然而,经济集聚虽然可以从整体上发挥一定的促进作用,但从微观的地区层面上来看,其异质性特征却使其经济集聚效应无法得以充分展现。

第二种结论认为经济集聚对绿色经济效率而言,将起到一定的约束作用。程中华(2015)曾对城市绿色经济效率受经济集聚的影响进行分析。结果表明:其中的专业化集聚外部性将导致绿色技术效率水平有所降低,而且幅度较大;多样化集聚却能在某种程度上提升绿色经济效率。基于2000—2013年面板数据的使用,刘耀彬等(2017)充分运用系统广义矩(SGMM)方法来对二者之间存在的关系进行检验,结果发现二者之间存在一种特殊的U形曲线关系。就当下的经济集聚水平而言,还无法发挥促进绿色经济效率提升的作用。

从总体上来看,现有文献中经济集聚对经济增长产生影响的相关研究不在少数,它们大多具备了完整的理论框架,但对于经济集聚与绿色经济效率关系的研究却存在以下问题:其一是在绿色经济效率的界定方面,至今未形成统一的定论,部分文献将其与环境或能源效率混淆在一起。与此同时,还缺乏一套完整的指标体系能同时在投入端考虑能源效率和在产出端考虑污染排放强度的问题。其二是现有文献在实证分析方面有余,在理论分析方面却有所欠缺,具备完整理论和实证分析框架的文献少之又少。

第五节 本章小结

在绿色经济效率受经济集聚影响的研究过程中,涉及的理论基础主要有两个:一是经济集聚理论,二是经济增长理论。纵观所有与经济集聚相关的研究,可知从18世纪开始,这个研究方向始终走在区域经济学、产业经济学,乃至新经济地理学领域的前沿。历经两百多年的发展历程,如今的经济集聚分析已相当成熟,集聚理论的系统化逐渐形成。但关于经济集聚的定义,学术界并未形成统一的结论。须知,经济集聚在具备一定产业内涵的同时,也具备了一定的空间含义。我们可将其视为某一特定空间内一系列经济活动的集中。与此同时,它也是产业经济活动在空间上的一种有效集合。当下,较为常见的经济集聚衡量指标有:产出密度、空间基尼指数、区位熵、赫芬达尔指数、EG指数等。国内外学者对经济集聚的研究,主要侧重于集聚动因和出现机制这两个角度的分析,与经济集聚效应及后果相关的分析较少。甚至有部分研究提出了经济集聚等同于经济增长的假设,将关注重点放在了提高经济集聚度,达成促进经济增长的目标。

虽说从现有的文献研究成果中不难看出经济集聚与绿色效率之间存在的关联,但在理论分析和实证检验的层面看,还存在较大的研究缺陷。与新经济地理学模型相关的研究相对较少,针对其中的一些假设,还应切实加大研究力度。在经济增长的假设方面,不应只停留在期望产出方面,还应同时兼顾非期望产出对社会经济产生的负面影响,尤其是对非期望产出的衡量和界定问题。与此同时,明确投入的变量不应只包括劳动力投入和资本投入,还应考虑能源投入及其他要素间的代替性问题。从相关文献中也不难发现,与经济集聚相关的实证检验结论,至今还未达成一致,实证模型的设定依然局限于线性模型,与非线性模型相关的分析极少。不仅如此,大多数分析都对非空间模型设定方法进行了运用,从而使经济集聚与经济增长、污染排放强度、能源效率等变量因自身存在的空间溢出特性而产生结论偏误的可能性大幅增加。除此之外,大部分的分析都是以欧美的相关数据为参考依据的,基于中国经验数据的研究相对欠缺。

虽然当下关于经济集聚和经济增长关系相关的研究不在少数,但对绿色经济效率受经济集聚影响方面的研究相对较少,尤其是站在经济集聚所产生的空间或产业效应的角度上,对经济集聚所产生的节能减排效应,并因此引发经济增长方式的改变抑或是绿色经济效率提升的研究,更是少之又少。其中的理论分析较为薄弱。在实证分析方面,其指标构建过程又缺乏一定的科学性,加之使用落后的数据处理方法,空间效应方面考虑欠缺,导致研究结论的可信度大大降低。从现有的研究成果中不难发现,许多学者在经济集聚效应的分析过程中,都还侧重于产业之间的集聚互动影响分析。相较于此类研究,本书将关注的重点放在了空间层面经济集聚的绿色经济效率问题上,更多地关注与城市、城市群、区域经济一体化发展、可持续发展等相关的问题。

基于前文的分析,本书将在后面的章节中,首先将经济集聚分成三个阶段来分析,分别是:(1)经济未形成集聚阶段;(2)经济初步形成集聚阶段;(3)经济深度集聚阶段。在每一个经济集聚阶段分别从规模效应、技术效应、产业产品结构效应、政策环境效应这四个方面着手,对污染排放强度、能源效率和经济增长方式受经济集聚影响程度进行分析。综合以上分析,本书完成经济集聚对绿色经济效率影响机制的详细阐述,并提出相关假设。不仅如此,本书还着重对经济集聚程度、能源效率和绿色经济效率水平进行了测算。最后,本书分别对污染排放强度、能源效率和绿色经济效率受经济集聚的影响进行实证检验。

第三章　经济集聚对绿色经济效率影响的理论机制分析

经济集聚是指经济活动在某一地理区域内相对集中的现象。"以点带面、从线到片"的经济集聚模式是中国经济快速发展非常重要的特征。绿色经济效率是在新古典经济全要素生产率分析框架下，将能源消费纳入投入变量并把污染排放作为非期望产出的社会经济运行效率。在现有经济集聚对经济增长的研究基础上，本书重点研究经济集聚在产出端对污染排放强度和在投入端对能源效率的影响，并综合分析其对低污染、高能效的绿色经济效率的作用机制，完善经济集聚对绿色经济的影响研究。本章分别从规模效应、技术效应、产业产品结构效应和政策环境效应四个方面分析在未形成集聚阶段、初步集聚阶段和深度集聚三个阶段中经济集聚程度对污染排放强度、能源效率和经济增长的影响，形成三个阶段四种效应的分析框架，阐述经济集聚对绿色经济效率的影响机制，其次从西科恩（Ciccone，2002）与牛房良明和友原章典（Ushifusa & Iomohara，2013）的产出密度函数出发，将能源投入和污染排放纳入生产函数，拓展出经济集聚对绿色经济效率的数理模型，证明经济集聚对绿色经济效率、污染排放强度和能源效率起到决定性作用。

第一节　经济集聚三个阶段四种效应的理论分析

经济集聚是指经济活动在某一地理区域内相对集中的现象。在国内外学术界针对集聚经济展开的专题研究中，经济集聚的外部性一直是关注的重点。经济集聚的外部性，通常可以归纳为两类，即特定产业内专业化集聚外部性和不同产业间的多样化集聚外部性。

早在19世纪，马歇尔讨论了产业集聚（industrial agglomeration）的概念，即类似的产业在空间上聚集在一起的现象。他强调了产业集聚的正外部性（positive externalities），即这种集聚对于参与其中的企业和工人来说具有积极的影响。专业化集聚外部性的核心思想是，当一种产业在某一地区得到发展时，该地区的其他相关产业和企业也会受益。这种受益并不仅仅体现在经济效益上，还包括技术创新、劳动力市场的改善等方面。马歇尔认为，产业集聚可以激发创新，提高生产效率，并通过技术和信息的流动促进产业的发展。其一，企业集中后，可以形成共享的劳动力市场。具有专业化技能的工人可以通过劳动力市场寻找工作，各家企业也可以通过劳动力市场招聘到企业所需要的员工，从而起到更大的劳动力匹配的作用。同时，企业在集聚区的集中可以使得人力资源得到积累。其二，知识外溢效应。面对面的信息交流更加便捷，有助于促进新技术与新思想的产生和发展。其三，产业集聚区内可以为该产业提供各类有市场竞争力的中间品的投入与服务，以促进专业化投入与服务的发展。综上所述，马歇尔将产业集聚的原因归纳为在完全竞争和规模报酬不断的前提下，追求外部规模经济。阿罗（Arrow，1962）与罗默（Romer，1986）将马歇尔的三种外部性因素与内生增长模型相结合，用"干中学"与"规模报酬递增"来解释同一产业中的企业集聚所带来的专业化外部性。这也被称为马歇尔-阿罗-罗默（MAR）外部性。

雅各布斯（Jacobs，1968）认为，由于劳动分工的不断细化，城市中很多不同的产业间的企业在空间上不断集中。这被普遍认为是集聚多样化外部性概念的起源。随后，更多的学者分别提出了各自的见解。亨德森（Henderson，1974）认为，不同产业的企业集聚有两种外部性原因。一方面，生产企业的多样性偏好有利于提高生产效率和共享基础设施从而降低单位生产成本。另一方面，消费者的偏好同样具有多样性。当其面对各种各样的商品时会感到更高的消费者效用。对于多样化集聚的概念，不同时期的学者也提出了各自的见解。帕尔（Parr，1965）认为多样化集聚是在特定的空间范围内，各类经济活动的分布程度。产业类别越多，分布越均衡则意味着多样化集聚水平越高。瓦格纳（Wagner，2000）认为，多样化集聚水平除了反映出特定空间范围内的产业分布、产业规模关系密切，还反映了不同产业间的关联程度。弗伦肯等（Frenken，2007）将多样化集聚区分为相关多样化集聚与不相关多样化集聚。

一方面，经济集聚的外部性通过共享、匹配和学习三个机制（Duranton & Puga，2004）来提高绿色经济效率。共享包括基础设施、中间商品、产业工人等；匹配包括劳动力池和供应商产业链的衔接，提高匹配度、降低搜寻成本；学

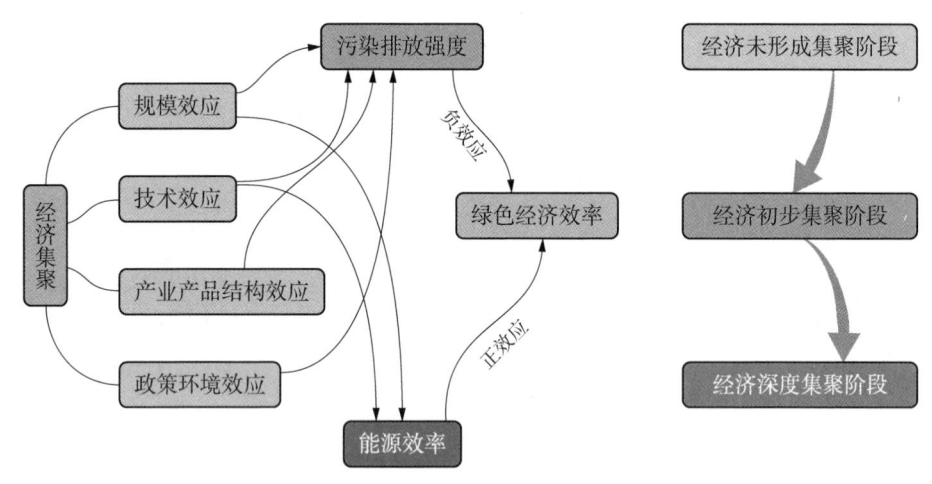

图 3-1 经济集聚对绿色经济效率影响的三个阶段四种效应分析框架

习是指通过知识的交流,特别是面对面的交流,年轻人可以向前辈学习到更多的经验,知识之间的碰撞引起新技术、新产业的发展,产品产业结构得到升级。另一方面,经济集聚对绿色经济效率也会产生负的外部性。这主要由于规模扩大造成污染、拥挤、土地价格上升等,拥挤效应在一定程度上会抵消经济集聚的正外部性,甚至造成经济集聚的负外部性超过正外部性。

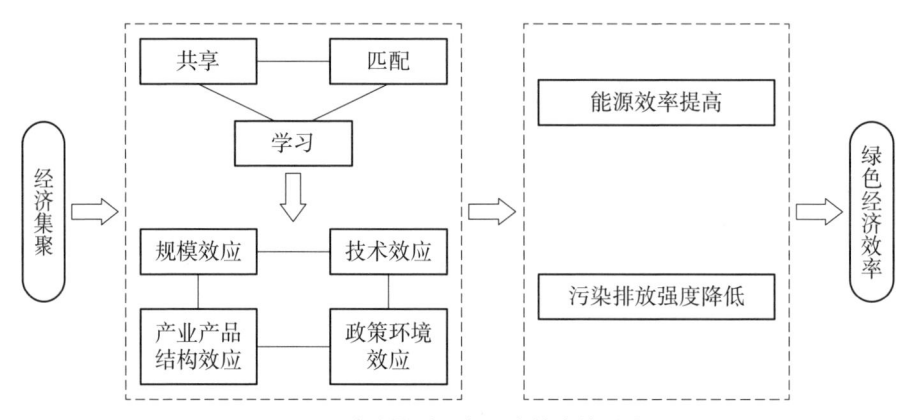

图 3-2 经济集聚对绿色经济效率的影响机理

综上所述,本书关注的经济集聚既包括专业化集聚也包括多样化集聚,具体而言是所有非农经济活动在一定地理范围内和一定时间内的相对集聚情况。经济集聚是指经济活动在某一地理区域内相对集中的现象（Porter，1998）。绿色经济效率是在新古典经济全要素生产率分析框架下，将能源消费纳入投入变量并把污染排放作为非期望产出的社会经济运行效率。在现有经济集聚对经济增长的研究基础上，本书重点研究经济集聚在产出端对污染排放强度和在投入端对能源效率的影响，并综合分析其对低污染、高能效的绿色经济效率的作用机制。

本书将经济集聚的程度分为未形成集聚阶段、初步集聚阶段以及深度集聚三个阶段，分别从规模效应、技术效应、产业产品结构效应和政策环境效应四个方面分析了经济集聚程度在这三个不同阶段对污染排放强度、能源效率和经济增长方式的影响，构建了三个阶段四种效应的分析框架，诠释了经济集聚对绿色经济效率的影响机制（见表 3-1）。

表 3-1 经济集聚对绿色经济效率影响的三个阶段四种效应

	影响途径	污染排放强度	能源效率	经济增长方式	绿色经济效率
经济未形成集聚阶段	规模效应	增加	降低	低速增长	降低
	技术效应	降低	不明显	低速增长	降低
	产业产品结构效应	降低	不明显	低速增长	降低
	政策环境效应	不明显	不明显	低速增长	不明显
	综合	低污染	低能效	低速增长	低
经济初步集聚阶段	规模效应	增加	降低	粗放型高速增长	降低
	技术效应	不明显	弱提高	粗放型高速增长	不确定
	产业产品结构效应	增加	降低	粗放型高速增长	降低
	政策环境效应	增加	降低	放缓增速	降低
	综合	高污染	低能效	粗放型高速增长	低
经济深度集聚阶段	规模效应	降低	提高	集约型高质量增长	提高
	技术效应	降低	提高	集约型高质量增长	提高
	产业产品结构效应	降低	提高	集约型高质量增长	提高
	政策环境效应	降低	提高	集约型高质量增长	提高
	综合	低污染	高能效	集约型高质量增长	高

一、经济集聚的规模效应分析

经济集聚的规模效应有正外部性和负外部性。正外部性主要体现在资源、要素、基础设施的共享和污染的集中处理导致效率提升；负外部性主要体现在产业规模的扩大引起资源、能源等要素的消耗增长，同时随着产品产量的增加，作为非期望产出的污染排放也会增加。经济集聚的规模效应在集聚的不同阶段产生的外部性存在异质性，以下将分别对经济未形成集聚阶段、初步集聚阶段和深度集聚三个阶段来分析。

（一）经济未形成集聚阶段

该阶段经济集聚的规模效应对绿色经济效率具有抑制作用。这个阶段的经济活动在地理上处于较为分散的状态，对应的是经济体处于经济发展的起步阶段，资源、要素市场都相对分散。随着经济集聚程度的加大，即城镇等具有集聚经济性质的发展单元萌芽，各类公共基础设施和一定量的企业开始向城镇集中，呈现出初步的规模经济效应。此时，由于基础设施尚不完善，大规模建设又进一步破坏了原有的生态系统，新的污染处理系统尚未形成，规模效应所产生的污染排放不断增加。

该阶段经济集聚的规模效应阻碍能源效率的提高。经济未形成集聚阶段主要表现为要素市场、生产企业和产品市场的分离。此时一方面随着企业的持续扩大生产，能源消费持续增多；另一方面运输成本的规模效应尚未形成，运输所带来的能源消费则不断提高。这两个方面同时造成能源利用效率的下降。

此时企业的产能最优规模效应尚未形成，产品单位成本依然较高，经济处于低速增长状态。

（二）经济初步集聚阶段

此阶段经济体处于快速发展阶段，经济专业化集聚不断提高，产能规模急速扩张，经济集聚规模效应的正外部性开始体现。首先，在这个阶段同类型企业的集聚即专业化集聚可以使企业共享要素和资源的投入，降低要素价格，降低集聚区内企业的成本。同类企业的集聚有助于企业专业化和精细化生产。这能够降低生产过程中原材料损耗，减少中间投入品的在途损耗，从而使资源利用效率得以提高。其次，同类企业对基础设施的需求类似，企业在地理上的集聚能够使企业享受到共享公共基础设施的红利，避免了基础设施重复建设而造成的能源消费和污染排放。最后，同类企业有着类似的产品生产线和经营销售网络，这有利于在生产和销售过程中统一收集废弃物，集中治理污染物进而造成能源效率的提高和污染排放强度的降低。大量企业的集聚无疑有利于环保部门对其实施统一监管以及环保宣传。环保部门能够在一定规模的产业园区建设环境监测点，构建实时联网动态环境监测系统，进而实现企业污染排放的集中监管，提高污染监管的执行落实程度，客观上降低偷排污染物的现象，从而降低整个地区的污染排放强度。

规模效应可能导致回弹效应。虽然专业化集聚带来了一定程度上的减排作用，但此时经济处于高速增长阶段，这个阶段企业产能急速扩张自然引起资源、能源等要素的消耗急速增长。同时，随着产品产量的增多，作为非期望产出的污染物排放也会急剧增多。这个阶段由于产能扩张造成的污染排放增加远远大于专业化集聚的规模效应造成的污染排放减少量，总体上这个阶段的污染排放强度随着经济集聚的加大而增大。

这个阶段的集聚规模效应对能源效率的影响和污染排放的影响相似，产能规模急速增长带来的能源消费的增多远远大于集聚规模效应带来的能源消费的减少，因此这个阶段的集聚规模效应对能源效率起到了抑制作用。

综上所述，在经济初步集聚阶段，经济集聚的提高带来了经济的高速增长、污染排放的增大和能源消费的提高，此时单独从规模效应的角度衡量经济集聚对绿色经济效率的影响具有不确定性。

（三）经济深度集聚阶段

此时经济体处于经济发展成熟阶段，在专业化集聚的基础上大量产业间不同的企业开始集聚在一起，即多样化集聚开始凸显。经济多样化集聚能够通过规模效应提高绿色经济效率。一方面，通过规模经济效应，多样化集聚可以使各细分行业投入成本不断降低，也就是说中间产品服务由于批量化而降低了厂商的投入成本。生产中原材料的损耗进一步减少，中间投入品的在途损耗不断降低，进而跨越式提高资源的利用效率，能源消费大量降低，污染排放大量减少。另一方面，经济多样化集聚给企业的经营活动带来多方面益处，例如减少企业信息获取成本、交易成本、市场开拓成本等。企业可以有更多的资源投入研发中，在环境规制越来越严格的时期，研发更为绿色的生产技术，同时为了不受环保规制处罚也会投入更多的资金用于环境治理，达到企业绿色转型升级以及绿色可持续发展。这时专业化集聚的规模效应的正外部性与多样化集聚的规模效应的正外部性开始叠加，并产生 $1+1>2$ 的效应。同时，企业处于规模效应的单位成本最优阶段，经济增长速度尽管可能放缓，但集聚带来的污染排放的大幅降低和能源效率的不断提高使经济体接近于经济高质量增长阶段。经济集聚的规模效应在此时对绿色经济效率具有促进作用。

二、经济集聚的技术效应分析

经济集聚的技术效应同样存在正外部性和负外部性。正外部性主要体现在知识技术溢出和竞争引发技术改进提高能源效率和降低污染排放；负外部性主要体现在为追求利润最大化而采用非环境友好型技术提高了污染排放强度的风险。经济集聚的技术效应在集聚的不同阶段产生的外部性存在异质性。以下分别从经济未形成集聚阶段、初步集聚阶段和深度集聚三个阶段来分析。

（一）经济未形成集聚阶段

此阶段企业的生产经营往往采用较为简单的技术，处于简单加工甚至手工业小作坊阶段，生产技术水平较低，能源利用技术也较差，生产和运输过程中在途损耗也较大。随着集聚水平的加大，由于干中学、简单技术的外溢等边际效益递减，企业技术改进空间不断缩小。同时由于这个阶段企业首先考虑的是生存问题，所以只能选择降低产品单位成本的技术，最直接的效果就是降低了生产过程中的损耗，这些损耗原来被作为废品也就是污染物丢弃。经济集聚带来的简单技术优化促使污染排放强度下降。降低污染排放强度的技术手段改进相对容易，但改善能源利用技术需要对整个生产线进行改进，但此时企业无多余资金用于复杂技术改善工作，因此在此阶段经济集聚对能源效率不存在显著提高作用。由于技术并未发生变革，此时经济增长也处于低速状态。

（二）经济初步集聚阶段

此阶段处于经济快速发展阶段。同类企业在某一地理区域内大量集聚，形成同类企业的集聚区。同类企业的集聚即经济专业化集聚的技术效应主要体现在集聚区内技术知识的溢出效应和激烈的市场竞争促使企业不断改进技术。企业在特定空间上的专业化集聚，可以促进同类企业之间互相学习与交流，即知识溢出。具体地说，知识溢出是指包括信息、技术、管理经验在内的各种知识流出原先拥有知识的个体。经济的专业化集聚有助于知识和信息的流动，因为人们更容易在这些地区分享经验、技术和最佳实践案例。这种交流和分享促进了新的想法、方法和技术的传播，这个阶段技术的进步带来最直接的效应是经济的快速增长。但经济的快速增长可能带来更大的原材料和能源消费量的递增，这种效应被称为经济进步引起的回弹效应。

经济集聚通过技术效应促进绿色经济效率的途径主要包括以下三种：第一种是交流和学习。交流和学习又可以分为两个方面：一方面是集聚区内同类产业的企业面对同样的市场竞争，在潜移默化中学习竞争对手的优秀做法，将这种知识、技术和方法用到本企业的生产和经营管理中提高劳动生产率；另一方面是单纯地面对面交流，主要包括相同产业企业共同参与行业研讨会、行业协会的活动等，通过面对面的交流方式，使专业知识传递到有关企业。虽然现在远程信息传递技术日益发展成熟，但是也有大量文献指出面对面的交流方式不可替代。信息的交流分为显性信息和隐性信息，隐性信息包括语调、表情、特定的肢体动作表达等，这些内容往往在远处信息传递时会发生丢失；同时人与人的交流是一个感情不断提升的过程，很多信息的交流需要在面对面交流的感情不断培养的基础上才能得到比较好的传递。因此在地理空间范围内的持续交流能够更好地提升知识的传递。

第二种是人才流动。经济集聚区汇聚了大量专业化的人才，人才流动不只是简单的劳动流动力，还包括人才拥有的知识在劳动力流动的过程不断产生溢出。通常关联性越强的企业，人才流动也越频繁。比如，不同企业的中高层管理者互相的流动，企业中的技术骨干跳槽到上下游企业。信息、技术、管理经验的传播以及扩散，有利于企业文化的创新，以及管理、流程、技术、营销和产品等方面的知识含量不断提高，最终不断提高产品的附加值，提升经济的增长。

第三种是由于市场竞争引起的自主技术创新。基于在特定空间上的集聚同时会带来一定程度的市场竞争，市场的良性竞争有助于企业自身的单位成本下降、生产效率提升、产品质量优化、业务流程的完善、创新能力的提高。同时不同企业在集聚区内的良性竞争也会带来各种观念的碰撞与创新。观念的创新有助于企业改变文化、管理、产品、技术以及市场营销等方面的落后状态，最终提升绿色创新能力、降低污染排放、提高能源效率、提升绿色经济效率。

这个阶段技术效应的负外部性同样巨大。技术效应的负外部性主要体现在技术的进步在带来生产率提高的同时也可能引起污染急速加大。技术进步可能走向非环境友好的一面，甚至设计出一些逃避环境规制的生产技术和方法，长期来看会对环境产生更加巨大的危害。在经济集聚的初步形成阶段是技术效应负外部性最大的时期,由于此时期的企业往往只追求经济利益,甚至只追求短期经济利益最大化,例如二恶英、苏丹红、三氯氰胺等化学制品的使用,以及偷排污技术的发展,对人体健康和自然环境造成了极大的负面影响。在这个阶段,即使能源使用的技术提高了能源效率,但是回弹效应造成能源消费总量指数级上升带来的污染排放强度也不断加大。

综合分析来看,在这个阶段,经济处于高速增长阶段。经济集聚的技术效应正负外部性同样巨大,可能无法明显改善污染排放强度,但能在一定程度上提高能源效率,对绿色经济效率的影响不确定。

(三) 经济深度集聚阶段

此时经济体处于经济发展的成熟阶段,在专业化集聚的基础上大量不同的企业开始集中在一起,即多样化集聚开始凸显,经济进入深度集聚阶段。雅各布斯(1969)表示不同行业间企业的集聚就是多样化集聚,相较于相同企业的集聚即专业化集聚可以产生更大程度的知识溢出。所以,知识溢出不只发生在产业的专业化集聚区。不同产业、不同细分行业的人才流动与知识交流,会致使不同行业的企业获得互补性的信息、技术和管理经验,这些知识也将在企业之间传递与扩散,从而降低污染排放强度、提升能源效率、经济转向高质量增长,促使绿色经济效率提高。

首先,知识溢出表现在人才在不同产业间流动。产业多样化集聚区聚集了大量的人才,这些人才拥有各种各样的专业信息、技术和管理经验。当不同产业、不同细分行业企业之间人才进行流动时,人才所带来的信息、技术、管理经验以及多种跨行业的互补信息、技术和管理经验就处在溢出的过程之中。这类完全不同种类知识传播、扩散,以及与原有知识的交融,容易产生全新的生产技术,带来新产品甚至新兴产业的发展。然后,知识溢出也体现在双方的面对面沟通与交流之中。产业各细分行业的代表一起参加会议讨论、实地考察等,采用面对面的形式进行交流,从而将一些新知识传递到企业之中,引发企业改进技术、提高能源效率、降低污染排放,促进绿色经济效率提高。

产业多样化集聚的技术效应也可以通过形成循环经济促使绿色经济效率提升。不同产业、不同细分行业企业的集聚,使得企业互相之间更加紧密,产业与产业之间形成垂直链,一家企业的废弃物可以成为另一家企业的原材料,形成要素的循环利用。随着集聚不断加深,集聚区内企业联系更加紧密,对促进专业化的分工有帮助,所以多样化集聚程度的提高可以加快污染治理的专业化分工,催生出大量的专业化环保企业,例如专业的污染处理企业、能源管理企业以及第三方污染排放监测机构等,允许企业将污染治理的业务交给更为专业的环保服务业企业运营,从而更加潜心于自身的生产活动,进而有效提升包括污染治理效率在内的总体环境绩效。同样从产业链方面,作为为企业提供中间产品的生产性服务业可以提供更加专业和高效的生产方式,起到了节约能源和降低污染排放的效果,绿色经济效率得以提升。

经济多样化集聚的技术效应也可能不利于绿色经济效率。不同产业交融、合作和交流所产生的新产业、新产品和新技术,很多未经过实践的检验,比起专业化集聚带来的新产品、新技术具有更大的风险。历史上多少次由于人类知识的局限性产生的所谓科技进步对环境和生态造成了灭顶之灾。

综合分析来看,在经济深度集聚阶段,经济集聚的技术效应可能对污染排放强度有抑制作用,对能源效率有提高作用,能够促进绿色经济效率的提高。此时,经济从高速增长向高质量增长转变。

三、经济集聚的产业产品结构效应分析

经济集聚的产业产品结构效应同样存在正外部性与负外部性。正外部性主要体现在产品绿色化、产业结构合理化提高能源效率和降低污染排放;负外部性主要体现在市场结构垄断风险和产业结构空心化带来污染排放提升和经济增长停滞的风险。经济集聚的产业产品结构效应在集聚的不同阶段产生的外部性也存在异质性,以下同样分别从经济未形成集聚阶段、初步集聚阶段和深度集聚三个阶段来分析。

(一) 经济未形成集聚阶段

在经济未形成集聚阶段,产品往往是初步简单加工产品甚至直接是原材料的开采,对应的产业也为简单食品加工、开采业、简单零部件组装等主要靠简单劳动力来完成的附加值最低的产业。在这个阶段,除了规模和技术效应的不断呈现,经济集聚还会引起产业产品的精细化,不断提高产品的附加值。由于此时产业产品中工业比值较低,经济集聚会在一定程度上抑制污染排放强度。但由于缺乏可替代的生产要素,能源使用效率无法提高,经济集聚对能源效率影响不明显。此时主要生产的是低端产品或原材料,经济增长处于低速阶段。

(二) 经济初步集聚阶段

此阶段经济发展开始急剧增长,工业化比重持续提高,形成以能源密集型与高污染型重工业为首的产业结构。不同于规模效应和技术效应,产业产品结构效应有一定的滞后期,在这个阶段产业结构合理化的现象并不一定立刻呈现。随着经济集聚的加大,首先出现的一定是产品结构效应,落后的产品不断淘汰,新的更绿色的产品不断出现,企业的资源配置效率会有一定的提高。但受制于整个产业都未发生改变,重工业为主的产业结构带来了经济基础的夯实和腾飞,也带来了对环境的高污染和高能耗,绿色经济效率可能持续下降。

(三) 经济深度集聚阶段

在这个阶段,经济集聚的产业产品结构效应的正外部性不断涌现。经济专业化集聚的结构效应主要体现在产业结构合理化引起资源配置效率的改变和产业结构高级化,进而引致产业绿色升级。具体而言产业结构不断合理化,集聚带来的竞争效应使得集聚区内产业不断向高效率企业发展,高能耗、高污染、低效率的企业不断淘汰和转移,低能耗、低污染、高效率的企业得以存活。企业的资源配置效率持续提升,绿色经济效率不断提高。同时,集聚区内产业的同质竞争加剧引发企业不断加大研发投入,逐渐由要素驱动变为创新驱动,产业结构不断高级化,技术和产品落后的企业不断淘汰和转移,集聚区内留存企业不断向绿色可持续发展方式转变,产业结构持续发生变化,绿色产业在集聚区内比例持续提高。

随着经济集聚的继续深化,多样化集聚不断形成,经济多样化集聚能够通过合作和融合促进绿色经济效率的提高。首先,多样化集聚更能帮助第二产业与第三产业的融合发展。生产性服务业企业在整个价值链环节上为制造业企业提供从始至终的一体化服务,加快制造业企业与上下游之间企业的深度融合,进而提升制造业的资源配置效率。例如,金融业为制造业企业带来投融资的服务,商务咨询业帮助制造业企业制订科学合理的发展计划,交通运输业给予制造业企业运输服务等,这种多样化合作可以显著提高各企业之间的交换效率,从而加快制造业生产效率的提升。其次,不同细分行业间的适当整合与外包,除了可以大幅减少企业的贸易成本,还可以优化和改造现有产业的效率。不同产业、不同细分行业企业的交叉融合可能开辟出新兴产业,生成崭新的产业链,改善产业结构中绿色产业的比例,发展符合环保要求的绿色产业链。甚至部分企业会持续向产业链两端发展，出现产业高级化现象。产业链两端的企业一般是资源使用较少、污染排放较少、能源使用较少的绿色产业，经济增长由此进入高质量增长阶段，最后会提升集聚区内绿色经济效率。

与此同时，无论是经济专业化集聚还是多样化集聚都具有产业产品结构效应的负外部性。专业化集聚的产业产品结构负外部性主要体现在经济集聚造成寡头企业或垄断企业的产生，形成寡头垄断或完全垄断的市场结构。产业结构的变化也可能未向高级化发展，而只是市场结构发生了变化。一旦形成了垄断型的市场结构，企业为了追求利润最大化作出的决策一般不是环境最优的决策。大型垄断企业承载着国民经济增长和稳定就业的作用，这时候政府的规制政策会陷入两难的抉择，不利于经济的绿色发展。此外，经济绿色发展不但要节能减排，还需要经济增长。集聚区内有时虽然形成了绿色产业的集聚，但产量不高、市场需求不足等因素可能会造成对经济的贡献降低，引起经济增长的放缓甚至停滞，也达不到提高绿色经济效率的成效。

多样化集聚产业产品结构效应的负外部性主要体现在产业空心化。在产业结构演变的过程中，如果一味追求去除制造业，发展无紧密关联的服务业或者低端服务业，会造成推高土地等资源价格但实体经济发展停滞。例如金融业的发展无法服务于实体经济、金融杠杆的不断提高会导致金融危机等危害经济发展的情形出现。经济增长会陷入停滞，绿色经济效率得不到改善。

综上所述，在经济深度集聚阶段，经济集聚所带来的产业产品结构正外部性大于负外部性，在这个阶段，经济集聚通过产业产品结构效应对污染排放强度具有抑制作用，对能源效率有提高作用，经济从高速增长阶段转换为高质量增长阶段，绿色经济效率不断提高。

四、经济集聚的政策环境效应分析

经济集聚的政策环境效应同样有正外部性和负外部性。正外部性主要体现在严格的环境规制和公民环保意识的觉醒提高能源效率和降低污染排放；负外部性主要体现在严格的环境规制政策带来经济增长停滞的风险，以及不同地区的环境规制不统一带来的空间效应——"污染天堂"现象。经济集聚的政策环境效应在集聚的不同阶段产生的外部性也具有异质性，以下同样分别从经济未形成集聚阶段、初步集聚阶段和深度集聚这三个阶段来分析。

(一) 经济未形成集聚阶段

此阶段经济发展刚刚起步,经济单元较为分散,污染排放强度不是特别巨大,政府没有动力也没有能力制定和实行环境规制政策。此时区域内几乎没有环境规制政策或只有初步的环境规制政策,经济集聚的政策环境效应不显著,对区域内的污染排放强度无明显作用,对能源效率也无明显作用。经济增长依然处于低速增长阶段,政策环境效应具有滞后性,对当期经济增长无明显促进作用,对绿色经济效率无明显提高作用。

(二) 经济初步集聚阶段

在此阶段,经济集聚带来了经济的高速增长,并带来了环境的极度恶化。放眼世界各国的经济发展史可以发现,这个阶段皆是经济高速增长和污染以及能源消费的高速增长期。在这个阶段,政府开始有一定的环境保护理念,但往往受制于经济增长的压力,环境规制政策制定不够严格或执行不够严格,因而起到的效果不甚理想。如果某一个区域执行严格的环境规制政策,则高能耗高污染产业会转移到周边环境规制约束较低的地区,这种现象在国际产业转移和地区产业转移都有出现。如果政策环境约束宽松的地区 GDP 增长速度更快,且 GDP 是官员的主要晋升依据时,原先定制较为严格环境规制政策的地区因为经济增长的压力也会放弃严格的环境规制政策,出现劣币驱逐良币的现象。所以此时政策环境效应会让渡于经济增长的压力,即为经济增长所服务。

在此阶段,公民的环保意识还未完全形成,国民收入正努力走出贫困陷阱,相对于摆脱贫困的愿望,环保意愿并不强烈,因此公民生活、生产方面的环保意识,以及要求政府提高环境政策的愿望都不强烈。即使在经济初步集聚的后半阶段,出现了一定的环保需求,环境保护规制有一定的起步,但是环境规制政策的效应一般有一定的滞后期,当期的效应表现不显著。

综上所述,在经济初步集聚阶段,政策环境效应会推动污染排放强度升高,能源效率降低,且由于政策的地区差异性造成"污染天堂"对污染排放强度和能源效率都有一定的负面放大效应。此阶段的政策环境为经济增长让路,甚至可以说为经济高速增长保驾护航,绿色经济效率可能依然是降低的状态。

(三) 经济深度集聚阶段

当经济发展到一定程度后,消费者将改变消费偏好,对生态环境质量的需求将迅速上升,会缓解经济发展和生态环境保护间的矛盾。一方面,消费者偏好转向更为环保绿色的产品,提升对环保绿色产品的需求。需求侧的改变则会导致厂商生产的决策转向绿色生态产品的制造,从而改善生态环境。另一方面,公众的环保意识会进一步增强,市场参与者日益重视生态环境质量。在这个阶段,信息公开的手段增多,居民对于空气污染如$PM_{2.5}$等指标的关注程度更高。更广泛的公众压力,促进企业采取更加环保的措施和技术,促进政府采取更为严格的生态环境保护政策等。同时,由于企业都集聚在一起,政府可以设置统一的环境检测点,企业与企业之间也会形成互相监督的机制,促进了环境规制政策的落实。

在这个阶段,经济增长进入瓶颈期,出于对经济可持续增长的需求,政府和企业也有动力来执行较为严格的环境规制政策,产业从依靠资源投入为主的粗放式增长方式向高质量可持续的增长方式转变。同时,深度集聚还会带来政府的财政收入提升,政府可以投入更多的环境治理费用提升生态环境。综上所述,此时政府、企业和公民都既有动力又有能力去制定和实施较为严格的环境规制政策,政策环境效应会带来污染排放强度的降低和能源效率的提高。当然,政策带来的效应不是立竿见影的,具有一定的滞后性,即政策的实行到对污染排放强度和能源效率产生影响需要一定的时间。如果由于环境政策一时未能起到明显的作用,继续加大环境规制的标准,可能会矫枉过正,使得经济增长陷入停滞。

总体来说,在这个阶段,随着经济集聚的不断深化,政策环境效应会不断显现,对污染排放强度有很好的抑制作用,可以提升能源效率,但可能会放缓经济增长的速率。这种经济增速的放缓只要在可接受范围之内是必须经历的,之前的粗放型高速增长方式是不可持续的。经过产业的绿色转型升级,经济增长将从高速增长转换为高质量增长,经济集聚对绿色经济效率的影响也将迎来拐点,促进绿色经济效率提升。

第二节 经济集聚对绿色经济效率影响的综合分析

对绿色经济效率的分析是建立在对污染排放强度和能源效率分析的基础上的。污染排放强度是生产时所附带产生的非期望产出,越小越好。能源效率则是在考虑了能源投入、资本投入、劳动力投入的可替代性情况下综合考虑的经济运行效率,反映的是能源要素的全要素产出绩效,越高越好。绿色经济效率是在能源效率的基础上加入了污染排放作为非期望产出。污染排放相当于一个负效应叠加到能源效率之上,污染排放越小,原能源效率减去的值越少,则绿色经济效率相对越高。

因此考虑经济集聚对绿色经济效率的影响,实质上是综合考虑经济集聚在产出端对污染排放强度的影响和在投入端对能源效率影响,即经济集聚通过三个阶段四种效应影响污染排放强度和能源效率并改变经济增长方式的综合展现。以下将通过三个阶段四种效应综合分析经济集聚对绿色经济效率的影响。

如图3-3所示,在经济未形成集聚阶段,经济集聚的技术效应和产业产品结构效应皆对污染排放强度有一定的抑制作用。虽然规模效应对污染排放强度具有一定的提高作用,但此时规模效应尚未达到急速增长阶段,技术效应的抑制作用更强,因此这个阶段经济集聚将抑制污染排放强度。除了经济集

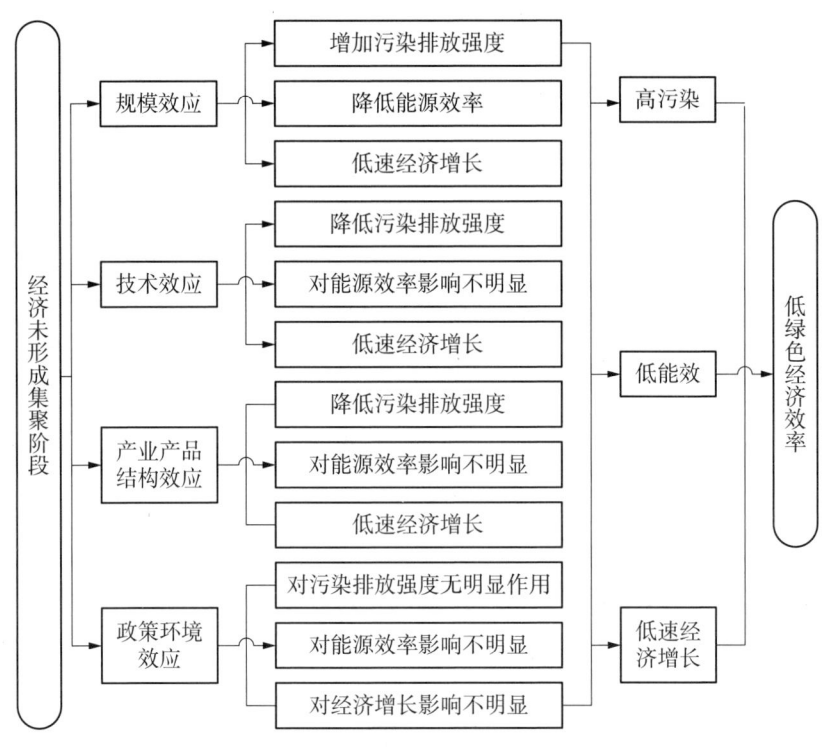

图3-3 经济未形成集聚阶段

注:笔者根据前文分析绘制。

聚产生的规模效应由于扩大了生产带来的能源消费增加,对能源效率有一定的降低作用,其他三种效应在这个阶段对能源效率的影响不明显。此时经济发展远未到经济规模生产阶段,资源投入巨大但产品增加值不高,属于产业链最低端的产品,此时经济也还未步入快速通道,经济增长较为缓慢。这个阶段相当于大多数发展中国家的经济发展起步阶段,大多数地区还未摆脱贫困。此时经济集聚通过规模效应、技术效应、产业产品结构效应和政策环境效应会导致低污染、低能效和低速经济增长,呈现出低绿色经济效率的状态。

如图3-4所示,在经济初步集聚阶段,经济集聚主要以专业化集聚为主。集聚通过规模效应和产业产品结构效应不断提高污染排放强度。规模效应主要是指由于产能的疯狂扩张带来的产品产量提高的同时也提高了作为非期望产出污染物的排放量,又由于以经济增长为唯一目标的政策环境下,对于污染排放的限制和改善措施较少使得污染排放持续增大。虽然技术效应和政策环境效应对能源效率有一定的改善,但由于规模效应和产业产品结构效应下的

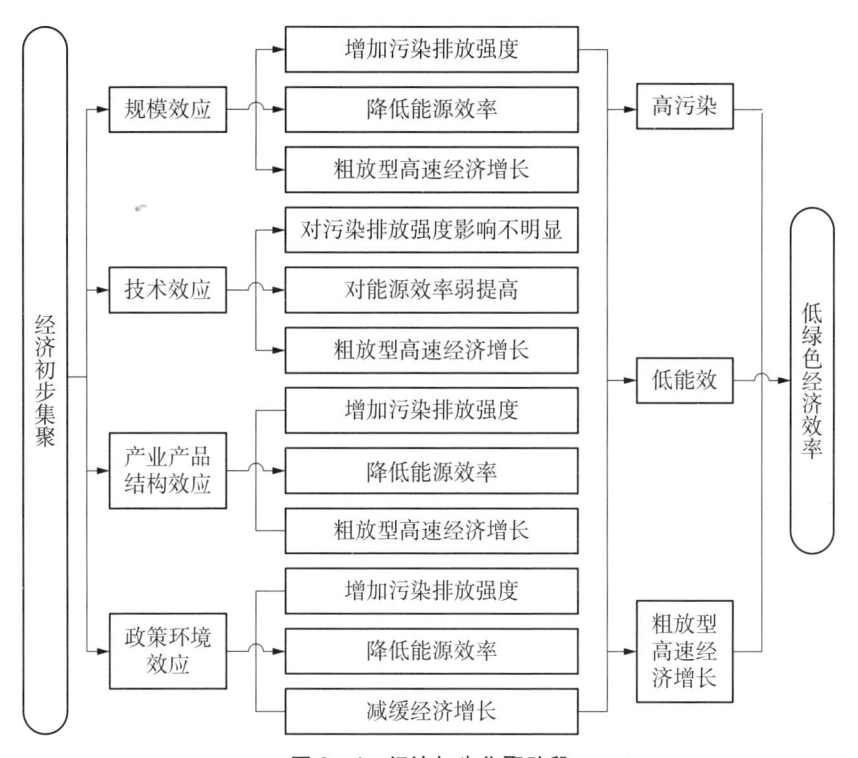

图3-4 经济初步集聚阶段

注:笔者根据前文分析绘制。

能源消费更为巨大,能源效率的改善远远未达到由于重工业带来的能源效率的降低,总体上这个阶段经济集聚导致的能源效率降低。在经济初步集聚阶段,地区经济已从农业经济向工业经济转型,经济进入高速发展阶段。但此阶段的经济增长完全依靠资源和能源的大量消耗,工业产生的大量污染直接影响到生态环境,属于粗放型的高速经济增长阶段。这个阶段相当于大多数发展中国家进入经济增长高速期,对应中国经济大致是20世纪90年代中期到21世纪10年代初期,大量产业集聚区在这个时期出现。这个阶段中国经济平均增速达到8%以上,但是经济高速增长过程也带来了严重的环境问题和能源问题。这个阶段经济集聚通过规模效应、技术效应、产业产品结构效应和政策环境效应导致高污染、低能效和高速经济增长,呈现出低绿色经济效率的状态。

如图3-5所示,在经济深度集聚阶段,经济集聚在专业化集聚的基础上不断发生多样化集聚且多样化集聚的占比不断增加。成熟的专业化集聚和多

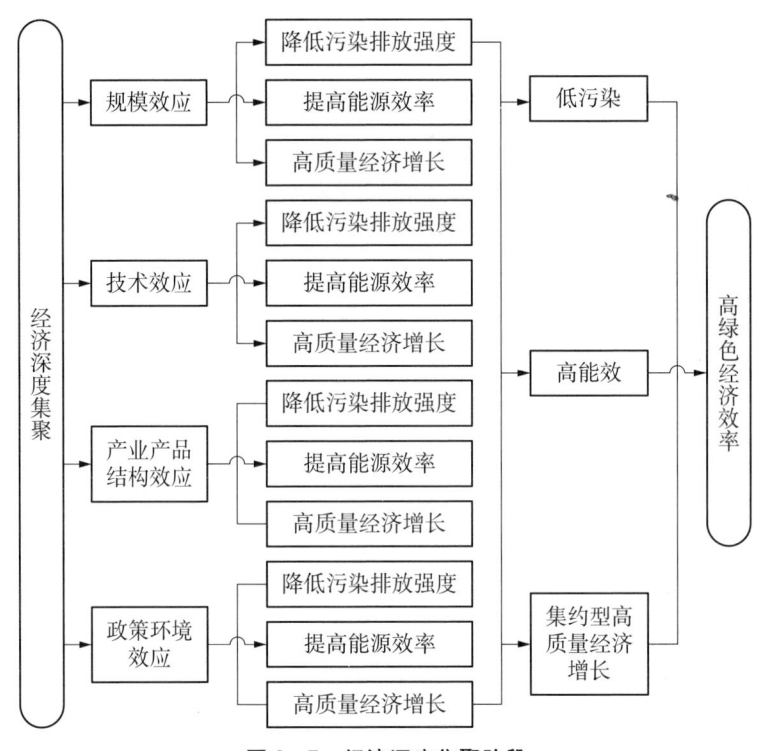

图3-5 经济深度集聚阶段

注:笔者根据前文分析绘制。

样化集聚带来融合,通过规模效应、技术效应、产业产品结构效应和政策环境效应对污染排放强度起到抑制作用,对能源效率起到提升作用。此时经济增长速度虽然比上一个阶段有所放缓,但经济增长的源动力发生了改变,从依靠资源忽视环境的粗放型经济增长转化为依靠知识和创新为动力的高能效、环境友好的高质量经济增长。这个阶段相当于中国经济从2012年进入新时代开始,经济不断深化改革转型,更加注重生态文明建设和绿色经济发展。这以阶段经济集聚同样通过规模效应、技术效应、产业产品结构效应和政策环境效应导致低污染、高能效和高质量经济增长,呈现出高绿色经济效率的状态。

经济集聚是指经济活动在某一地理区域内相对集中的现象。绿色经济效率是在新古典经济全要素生产率分析框架下,将能源消费纳入投入变量并把污染排放作为非期望产出的社会经济运行效率。在现有经济集聚对经济增长的研究基础上,本书重点研究经济集聚在产出端对污染排放强度和在投入端对能源效率的影响,并综合分析其对低污染、高能效的绿色经济效率的作用机制。为了更好地理解其内在机制,本章首先分别分析了经济集聚对污染排放强度和能源效率的作用,以此为基础在能源效率的基础上考虑污染排放强度的负效应,以得到绿色经济效率,并进一步分析了经济集聚对绿色经济效率的作用。由此可以提出本书的三个假说:

假说1:在其他条件不变的情况下,随着经济集聚程度的提高,污染排放强度会表现出"先降低—后增大(降速减缓)—再加速减小"的倒N形变化趋势。

假说2:在其他条件不变的情况下,即随着经济集聚程度的提高,能源效率会表现出"先下降—后上升"的U形变化趋势。

假说3:在其他条件不变的情况下,随着经济集聚程度的提高,绿色经济效率会表现出"先下降—后上升"的U形变化趋势。

第三节 经济集聚对绿色经济效率影响的数理模型构建和分析

经济集聚是指经济活动在某一地理区域内相对集中的现象。绿色经济效率是在现有全要素生产率分析框架下,将能源消费纳入投入变量并把污染排放作为非期望产出的社会经济运行效率。上一节已经理论阐述了经济集聚在三个阶段通过规模效应、技术效应、产业产品结构效应和政策环境效应带来的各种外溢效应对污染排放强度、能源效率和经济增长方式产生影响并综合对绿色经济效率产生作用。本节尝试从数理模型来证明经济集聚与绿色经济效率之间的理论联系。关于经济集聚的数理模型，西科恩和霍尔(Ciccone & Hall, 1996)提出了产出密度模型，假定生产要素的空间分布是均匀的，即土地、劳动力和资本为均质分布，单位面积产出取决于总产出和各生产要素的投入。西科恩(Ciccone, 2002)从经济活动密度角度对集聚的正外部性进行了规范的数理阐释。西科恩和霍尔提出的产出密度模型允许存在规模报酬递增，并充分考虑空间因素对产出的影响。牛房良明和友原章典(Ushifusa & Tomohara, 2013)进一步对该产出密度模型进行简化。这为本书构建经济集聚的数理模型奠定了基础的理论模型。

本书的数理模型延续理论分析的逻辑主线，如图3-6所示，首先构建统一的产出密度模型，然后通过模型推导证明经济集聚对污染排放强度具有显著的影响作用，再通过成本函数推导证明经济集聚对能源效率具有决定性作用，最后在产出模型的基础上纳入能源消费和污染排放，综合考虑得出经济集聚对绿色经济效率的作用。

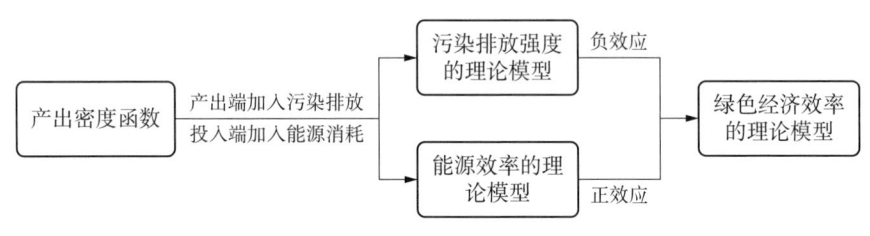

图3-6 理论模型推导示意

本节首先尝试将能源要素作为投入变量纳入模型，对其进行拓展推导。能源作为生产过程中的基本投入要素，可与资本、劳动一起作为投入要素被纳入生产函数(Fisher-Vanden et al., 2004；Ramanathan, 2005；陈诗一, 2009；师博、沈坤荣, 2013)。因此，根据西科恩(Ciccone, 2002)与牛房良明和友原章典(Ushifusa & Tomohara, 2013)的产出密度模型，借鉴了林伯强(2019)、邵帅等(2019)的做法，本书的理论模型推导如下：

假设一个国家拥有众多不同区域，各区域 i 的土地面积大小不一。如果区域 i 内单位土地面积上产出为 q，其生产函数可以表示为：

$$q_i = \frac{Q_i}{A_i} = \Omega_i \left[(l_i)^\beta k_i^{1-\beta-\gamma} e_i^\gamma\right]^\alpha \left(\frac{Q_i}{A_i}\right)^{(\lambda-1)/\lambda} \quad (3-1)$$

其中 l_i 表示区域 i 单位土地面积上雇佣的劳动力人数；k_i 表示区域 i 单位土地面积上用于经济活动的实物资本；e_i 表示区域 i 单位土地面积上用于经济生产所需要的能源消费；Ω_i 表示该区域内考虑经济生产活动中资本、劳动力、能源、期望产出 GDP 和非期望产出污染排放量的综合社会经济运行效率，也即本书要研究的绿色经济效率；Q_i 表示该区域的总产出；A_i 表示该区域的总土地面积。β（$0<\beta<1$）表示劳动投入相对于资本投入与能源投入的单位面积产出贡献率（income share of labor to capital），γ（$0<\gamma+\beta<1$）表示能源投入对单位面积产出的贡献率；α（$0<\alpha\leqslant1$）为资本、劳动力和能源三种要素相对于土地的单位面积产出贡献率，反映了由要素拥挤所带来的要素边际生产率递减现象，α 越小表示要素生产效率越低（牛房良明和友原章典，2013）。西科恩和霍尔（1996）将这种由单位面积上追加要素投入而引起的生产效率损失定义为拥挤效应（congestion effect），并给出如下解释：在希克斯中性技术条件下，土地要素相对固定，随着资本和劳动投入的增加，要素投入会偏离资本-土地、劳动-土地的最优配置水平，使得单位土地面积资本和劳动的边际产出水平和要素生产率逐渐下降，从而引起资本和劳动的边际报酬递减。λ（$\lambda>1$）为产出密度系数，$(\lambda-1)/\lambda$ 为产出密度弹性，用于反映集聚效应（agglomeration effect），即集聚的外部性。

一、经济集聚对污染排放强度的数理模型

本部分尝试证明经济集聚是污染排放强度的决定要素之一，所以本部分在式 3-1 的基础上考虑产出端加入污染物 P_i 作为非期望产出，即假定整个生产过程将产生 P_i 单位的污染排放量。这样，可将式 3-1 扩展为：

$$\frac{Q_i + P_i}{A_i} = \left(\frac{Q_i}{A_i}\right)\left(1+\frac{P_i}{Q_i}\right) = \Omega_i [l^\beta k^{1-\beta-\gamma} e^\gamma]^\alpha \left(\frac{Q_i}{A_i}\right)^{\frac{\lambda-1}{\lambda}} \left(1+\frac{P_i}{A_i}\right)^{\frac{\lambda-1}{\lambda}}$$

$$(3-2)$$

假设资本要素能够完全跨区域流动，因此均衡状态下各地区的资本市场价格（即利率）r 相等。均衡状态时要素市场上资本的边际产出就是资本的市场价格，因此资本的需求密度（总资本 K 与地区面积 A 之比）可表示为：

$$k_i = \frac{K_i}{A_i} = \frac{\alpha(1-\beta-\gamma)}{r} \times \left(\frac{Q_i}{A_i}\right)\left(1 + \frac{P_i}{Q_i}\right) \qquad (3-3)$$

将式 3-3 代入式 3-2 中，E_i 表示该区域的总能源消耗，L_i 表示该区域的总雇佣劳动力人数，整理可得：

$$1 + \frac{P_i}{Q_i} = \Omega^{\frac{1}{1-\alpha(1-\beta-\gamma)\lambda}} \times \left(\frac{\alpha(1-\beta-\gamma)}{r}\right)^{\frac{\alpha(1-\beta-\gamma)\lambda}{1-\alpha(1-\beta-\gamma)\lambda}} \times \left(\frac{Q_i}{L_i}\right)^{\frac{-\alpha\beta\lambda}{1-\alpha\lambda}}$$
$$\times \left(\frac{E_i}{Q_i}\right)^{\frac{\alpha\gamma\lambda}{1-\alpha(1-\beta-\gamma)\lambda}} \times \left(\frac{Q_i}{A_i}\right)^{\frac{\alpha\lambda-1}{1-\alpha(1-\beta-\gamma)\lambda}} \qquad (3-4)$$

在式 3-4 两边同时取自然对数可得：

$$\ln\left(1 + \frac{P_i}{Q_i}\right) = \Phi - \frac{\alpha\beta\lambda}{1-\alpha(1-\beta-\gamma)\lambda}\ln\left(\frac{Q_i}{L_i}\right) + \frac{\alpha\gamma\lambda}{1-\alpha(1-\beta-\gamma)\lambda}\ln\left(\frac{E_i}{Q_i}\right)$$
$$+ \frac{\alpha\lambda-1}{1-\alpha(1-\beta-\gamma)\lambda}\ln\left(\frac{Q_i}{A_i}\right)$$
$$(3-5)$$

其中，$\Phi = \frac{\lambda}{1-\alpha(1-\beta-\gamma)\lambda}\ln\Omega + \frac{\alpha(1-\beta-\gamma)\lambda}{1-\alpha(1-\beta-\gamma)\lambda}[\ln\alpha(1-\beta-\gamma) - \ln r]$；$\delta = \frac{\alpha\beta\lambda}{1-\alpha(1-\beta-\gamma)\lambda}$；$\zeta = \frac{\alpha\gamma\lambda}{1-\alpha(1-\beta-\gamma)\lambda}$；$\eta = \frac{\alpha\lambda-1}{1-\alpha(1-\beta-\gamma)\lambda}$，$\Phi$、$\delta$、$\zeta$、$\eta$ 皆为常数。

由于 $\ln\left(1+\frac{P_i}{Q_i}\right) \approx \frac{P_i}{Q_i}$，因而，式 3-5 可进一步整理得：

$$\frac{P_i}{Q_I} = \Phi - \delta\ln\frac{Q_i}{L_i} + \zeta\ln\left(\frac{E_i}{Q_i}\right) + \eta\ln\left(\frac{Q_i}{A_i}\right) \qquad (3-6)$$

在式 3-6 左边是单位非农产出的污染排放，即污染排放强度，右边包括了经济集聚程度（即产出密度）$\frac{Q_i}{A_i}$、能源强度 $\frac{E_i}{Q_i}$ 和劳动生产率 $\frac{Q_i}{L_i}$，从而表明在其他条件不变的情况下，经济集聚程度、能源强度和劳动生产率 3 个因素决定了污染排放强度。

二、经济集聚对能源效率的数理模型

能源效率反映的是在全要素框架下能源消费活动中资本、劳动力和能源等作为投入要素和以期望经济产出作为产出要素测算出来的能源效率。

由于式 3-1 的产出密度函数为柯布道格拉斯形式,借鉴费舍尔-万登等(Fisher-Vanden, 2004)的研究做法,将该 $C-D$ 生产函数的成本函数设为:

$$C(P_K, P_L, P_E, Q) = T^{-1}\left(\frac{Q_i}{A_i}\right)^{-\eta} P_K^{\alpha_K} P_L^{\alpha_L} P_E^{\alpha_E} Q \quad (3-7)$$

其中:T 表示企业全要素生产率,η 表示经济集聚对成本的影响弹性,P_K、P_L、P_E 分别表示企业资本、劳动力和能源投入要素的名义价格,α_K、α_L、α_E 分别表示各投入要素的产出弹性,Q 表示企业的产出水平。

根据谢泼德引理,通过成本函数对能源要素价格 P_E 求偏导,可得到能源需求量函数:

$$E = \frac{\alpha_E T^{-1}\left(\frac{Q_i}{A_i}\right)^{-\eta} P_K^{\alpha_K} P_L^{\alpha_L} P_E^{\alpha_E} Q}{P_E} \quad (3-8)$$

在此基础上,假定市场结构是完全竞争的,即从长期来看,如果忽略全要素生产率和经济集聚的影响,企业的总收益应该等于总成本,也就是说:

$$C = P_Q Q \quad (3-9)$$

其中,P_Q 表示企业的产出价格。由此,可以进一步得出:

$$P_Q = P_K^{\alpha_K} P_L^{\alpha_L} P_E^{\alpha_E} \quad (3-10)$$

这表明如果除了全要素生产率和经济集聚的差异,企业的产出价格由资本、劳动、能源等投入要素的价格共同决定。

将式 3-10 代入式 3-8,可得:

$$\frac{Q}{E*T} = \alpha_E^{-1}\left(\frac{Q_i}{A_i}\right)^{\eta} \frac{P_E}{P_Q} \quad (3-11)$$

式 3-11 中 $\frac{Q}{E*T}$ 可以理解为单要素能源效率(能源强度的倒数)$\frac{Q}{E}$ 融入全要素生产率 T 所构成的全要素能源效率,表明全要素能源效率的高低由实际能源价格 $\frac{P_E}{P_Q}$ 和经济集聚程度 $\frac{Q_i}{A_i}$ 决定。全要素能源效率与实际能源价格 $\frac{P_E}{P_Q}$ 均成正比关系,根据前文的理论分析,经济集聚程度和全要素能源效率之间可能呈现出非线性的关系。

三、经济集聚对绿色经济效率的数理模型

绿色经济效率是在全要素能源效率的基础上去除污染排放的负效应之后的综合社会经济运行效率。此时投入端需充分考虑能源投入要素的影响，同时产出端需考虑污染排放的负面影响，如式 3-12 所示。

$$q_i = \Omega_i \left[\left(\frac{L_i}{A_i}\right)^\beta \left(\frac{K_i}{A_i}\right)^{1-\beta-\gamma} \left(\frac{E_i}{A_i}\right)^\gamma \right]^\alpha \left(\frac{Q_i}{A_i}\right)^{\frac{\lambda-1}{\lambda}} \quad (3-12)$$

Ω_i 表示该区域内考虑经济生产活动中资本、劳动力、能源、期望产出 GDP 和非期望产出污染排放量的综合社会经济运行效率，也即本书要研究的绿色经济效率。根据式 3-12，可以解得单位劳动投入的产出为：

$$\frac{Q_i}{L_i} = \Omega_i^\lambda \left[\left(\frac{K_i}{L_i}\right)^{1-\beta-\lambda} \right]^{\alpha\lambda} \left(\frac{E_i}{L_i}\right)^{\alpha\gamma\lambda} \left(\frac{L_i}{A_i}\right)^{\alpha\lambda-1} \quad (3-13)$$

根据生产过程中各生产要素的边际产出就是其市场价格原则，可以得到：

$$K_i = \frac{\alpha(1-\beta-\gamma)(Q_i)}{r}; \; E_i = \frac{\alpha\gamma(Q_i)}{P_e} \quad (3-14)$$

其中，r 和 P_e 分别表示资本和能源价格。将式 3-14 代入式 3-13 可以推得：

$$\begin{aligned}\frac{Q_i}{L_i} &= \Omega_i^{\frac{\lambda}{1-\alpha\lambda(1-\beta)}} \left[\frac{\alpha(1-\beta-\gamma)}{r}\right]^{\frac{(1-\beta-\gamma)\alpha\lambda}{1-\alpha\lambda(1-\beta)}} \left(\frac{\alpha\gamma}{P_e}\right)^{\frac{\alpha\lambda\gamma}{1-\alpha\lambda(1-\beta)}} \left(\frac{L_i}{A_i}\right)^{\frac{\alpha\lambda-1}{1-\alpha\lambda(1-\beta)}} \\ &= \Omega_i^\omega \Lambda_r \left(\frac{L_i}{A_i}\right)^\theta \end{aligned} \quad (3-15)$$

其中，$\omega = \frac{\lambda}{1-\alpha\lambda(1-\beta)}$，$\Lambda_r = \left[\frac{\alpha(1-\beta-\gamma)}{r}\right]^{\frac{(1-\beta-\gamma)\alpha\lambda}{1-\alpha\lambda(1-\beta)}} \left(\frac{\alpha\gamma}{P_e}\right)^{\frac{\alpha\lambda\gamma}{1-\alpha\lambda(1-\beta)}}$，$\theta = \frac{\alpha\lambda-1}{1-\alpha\lambda(1-\beta)}$，$\omega$、$\Lambda_r$、$\theta$ 都是常数，所以通过整理所得：

$$\Omega_i = \Lambda_r^{-\frac{1}{\omega}} \left(\frac{L_i}{A_i}\right)^{-\frac{\theta}{\omega}} \left(\frac{Q_i}{L_i}\right)^{\frac{1}{\omega}} \quad (3-16)$$

在式 3-16 中，Ω_i 为 i 地区的绿色经济效率，$\dfrac{Q_i}{L_i}$ 为 i 地区的劳动生产率，$\dfrac{L_i}{A_i}$ 为经济集聚程度，表明在其他条件不变的情况下，经济集聚程度和劳动生产率共同决定了绿色经济效率。

通过以上数理模型可以证明经济集聚对绿色经济效率有显著的影响，同时污染排放强度和全要素能源效率分别作为绿色经济效率中投入端和产出端的重要变量，在数理模型中也得到验证，为后续章节构建实证模型建立了理论基础。

第四节　本章小结

本章提出经济集聚对绿色经济效率的影响机制，构建三个阶段四种效应的分析框架。首先分别从规模效应、技术效应、产业产品结构效应和政策环境效应四个方面分析了在未形成集聚阶段、初步集聚阶段和深度集聚三个阶段中经济集聚程度对污染排放强度、能源效率和经济增长方式的影响，阐述了经济集聚对绿色经济效率的影响机制。理论分析表明：经济集聚程度在不同阶段对污染排放强度、能源效率和经济增长方式影响不同。在经济集聚未形成阶段为低污染、低能效和低速经济增长；在经济集聚初步形成阶段为高污染、低能效和粗放型高速经济增长；在经济深度集聚阶段为低污染、高能效和集约型高质量经济增长。由此得到本书的三个理论假说：假说 1：在其他条件不变的情况下，随着经济集聚程度的提高，污染排放强度会表现出"先下降—后上升（降速减缓）—再加速下降"的倒 N 形变化趋势。假说 2：在其他条件不变的情况下，随着经济集聚程度的提高，能源效率会表现出"先下降—后上升"的 U 形变化趋势。假说 3：在其他条件不变的情况下，随着经济集聚程度的提高，绿色经济效率会表现出"先下降—后上升"的 U 形变化趋势。

其次，从西科恩（Ciccone，2002）与牛房良明和友原章典（Ushifusa & Tomohara，2013）的产出密度函数出发，分别将能源投入和污染排放纳入生产函数，重新推导出经济集聚对绿色经济效率的数理模型，证明了经济集聚和劳动生产率共同对绿色经济效率产生影响；在此基础上数理证明了经济集聚、能源强度和劳动生产率共同决定了污染排放强度；进一步通过成本函数证明了经济集聚和能源实际价格决定了全要素能源效率的高低。

本章建立的经济集聚对绿色经济效率影响的三个阶段四种效应分析框架和数理模型推导为后续经济集聚对污染排放强度、能源效率以及绿色经济效率的实证分析提供了充分的理论依据。

第四章 中国经济集聚、能源消费和污染排放现状及特征分析

经济集聚是指经济活动在某一地理区域内相对集中的现象。"以点带面、从线到片"的经济集聚模式是中国经济快速发展非常重要的特征。本章利用赫芬达尔指数、区位熵和经济密度对中国省级行政区[①](省、自治区、直辖市)的经济集聚程度进行了测算和比较,分析了中国经济集聚、能源消费和污染排放的现状,并运用 Moran'I 指数分别对经济集聚、能源消费和污染排放作空间分布特征分析。

第一节 中国经济集聚的现状及特征分析

一、经济集聚的测算方法

产业集聚是经济集聚的重要表现,产业集聚的测算方法常常被用来做经济集聚的测算。本书根据研究需要对赫芬达尔-赫希曼指数、区位熵指数和经济密度指数进行介绍。

赫芬达尔-赫希曼指数:

$$H_i = \sum_j \left(\frac{e_{ij}}{\sum_j e_{ij}} \right)^2 \qquad (4-1)$$

式 4-1 中,e_{ij} 是省份 i 内产业 j 的就业人数或产值,$\sum_j e_{ij}$ 表示省份 i 的所有产业总就业人数或总产值,H_i 表示省份 i 的赫芬达尔-赫希曼指数,即省

---

① 台湾、香港、澳门和西藏因数据严重缺失未纳入实证分析,后续章节实证分析做相同处理。

份内某产业就业人数或产值占该省份总就业人数或产值比值的平方和。

茅锐(2015)采用赫芬达尔-赫希曼指数分别测算了中国二位数、三位数和四位数行业分类下市级的产业集聚程度。季书涵等(2016)采用赫芬达尔-赫希曼指数测算了中国制造业29个二位数行业的集聚程度。孙楚仁和陈瑾(2017)基于中国工业企业年度调查数据库中的工业行业数据,采用赫芬达尔-赫希曼指数测算了中国各省份工业行业的集聚程度。用赫芬达尔-赫希曼指数来测算地区层面的经济集聚时,只能对比本地区内不同产业集聚程度的变化情况,无法捕捉地区的某产业集聚程度增加是由于本产业的规模增长还是本地区其他产业的衰退造成,也无法展现地区间集聚程度的比较。

赫芬达尔-赫希曼指数倒数常被用作测度地区产业集聚的相对多样化或相对专业化程度(赵伟和随月红,2015),其倒数值越大表明地区产业多样化程度越高,其倒数值越小表明地区产业专业化程度越高。本书采用地区实际GDP的产值计算赫芬达尔-赫希曼指数倒数来分析地区第二产业和第三产业的经济集聚相对多样化和相对专业化程度。

区位熵指数:

$$LQ_{ij} = \frac{e_{ij} / \sum_j e_{ij}}{\sum_i e_{ij} / \sum_j \sum_i e_{ij}} \quad (4-2)$$

式4-2中,产业j在省份i中的就业人数或产值用e_{ij}表示,省份i所有产业的就业人数或产值用$\sum_j e_{ij}$表示,产业j在全国的就业人数或产值则用$\sum_i e_{ij}$表示,则全国的总就业人数或总产值为$\sum_j \sum_i e_{ij}$。产业i在省份j的区位熵指数用LQ_{ij}表示,采用省份i产业j的就业人数或产值占本区域所有产业就业人数或产值的份额与产业j在全国的就业人数或产值占全国所有产业总就业人数或总产值之比表示。

格莱泽等(Glaeser,1992)使用区位熵指数测算了1956—1987年美国170个城市的产业专业化程度。霍姆斯和史蒂文斯(Holmes & Stevens,2002)使用区位熵指数测算了专业化的地理集中度。国内学者吴三忙和李善同(2011)、余泳泽等(2013)、范剑勇等(2014)、张国峰等(2016)使用区位熵指数分别测算了中国省级三位数行业的专业化集聚程度、金融产业的空间集聚程度和县级层面三位数行业的专业化集聚水平等。本书主要采用就业人数的区位熵指数来反映经济集聚程度。

经济密度指数：

$$EA_s = \frac{var_s}{area_s} \qquad (4-3)$$

其中，$area_s$表示地区s的土地面积，var_s表示地区s的人口数量、就业人数、地区总产值等变量，分别用于测算人口密度、就业密度和产出密度。EA_s表示区域s的经济密度，即单位土地面积所承载的经济活动。经济密度越大表示经济集聚程度越高，越小表示经济集聚程度越低。经济密度指标多用于衡量区域经济集聚程度。

西科恩(Ciccone，2002)采用产出密度衡量了欧美地区的经济集聚程度。德克尔和伊顿(Dekle & Eaton，1999)采用单位面积增加值计算了日本的制造业与金融服务业的集聚程度。国内学者覃一冬(2013)、吴晓怡和邵军(2016)、伍骏骞等(2016)、林伯强(2019)、邵帅、张可、豆建民(2019)采用就业密度或产出密度代表经济密度测算了中国省级、地级市和县级的地区经济集聚程度。

作为经济集聚的直接空间载体，经济集聚现象在城市层面上具有更加显著的体现，因而城市的样本可能更符合考察经济集聚对污染排放强度、能源效率和绿色经济效率的影响。但因于统计数据的可得性(中国城市层面的化石能源分类消费数据在相关的统计资料中并未被系统报告，仅有煤气、液化石油气、燃料煤等少数几种化石能源的数据可得)，中国城市层面的二氧化碳排放量与能源消费总量等数据均无法准确获取，因此本书只能采用城市数据加总的方式来构建省级经济密度，来弥补上述数据的可得性不足的遗憾。与用城市单位面积非农产出直接测算经济集聚的方法相比，本书采用的城市数据加总的比值同样能够在平均意义上反映各省级行政区城市层面的经济集聚水平。

中国地级市土地面积统计分为三类：行政区、建成区和城市建设用地面积，其中多类，又分为全市和市辖区两个统计范围。由于本书研究对象是非农产业，绝大多数的非农产业均选址于市辖区的范围，所以考虑市辖区的统计口径。本章的非农产出使用地级市市辖区的第二产业、第三产业国民生产总值之和来计算。然后对地级市的数据加总得到省级的非农产出。不同于邵帅、张可和豆建民(2019)等用行政区域土地面积作为分母的做法，笔者认为只有城市建设完成水、电、交通基础设施等即建成区完成，企业才能在建成区内选址的逻辑关系，因此，建成区作为衡量经济集聚程度的指标，更能反映实际的集聚程度。经济密度采用各省级行政区地级市及以上非农经济产值加总与该地区地级市及以上建成区面积加总的比值来衡量。

综上所述,本书后续章节所使用的经济集聚变量将采用非农经济产出的经济密度作为主要测算方法,非农产业就业人口的区位熵指数和非农产业的赫芬达尔-赫希曼指数倒数将根据需要作为补充的测算方法。

数据主要来源于2004—2017年《中国统计年鉴》《中国城市统计年鉴》《中国能源统计年鉴》、国研网数据库、中国统计数据应用支持系统。数据异常、缺失等问题采取各数据库互相配对处理。其中货币类数据均用各省份2000年不变价格进行了平减。台湾、香港、澳门和西藏因数据严重缺失而未纳入统计范围。巢湖由于2011年撤销了地级市并入合肥、芜湖和马鞍山,巢湖的数据只统计2004—2010年。三沙、儋州、铜仁、毕节、海东、吐鲁番和哈密由于数据缺失严重未纳入统计范围。

二、经济集聚的现状与特征

从全国总体来看,2004—2017年中国非农经济集聚程度总体呈现出上升的发展趋势,从2004年的31 077.59万元/平方千米升至2017年的68 288.82万元/平方千米。从增长率上来看,2004—2007年是集聚加速期,保持在每年7.72%以上。2008年金融危机造成中国的经济集聚度增长率快速回落,增长率为5.6%。2009年由于货币宽松政策和政府投资的刺激,经济集聚度增长了10.49%。2010年开始,全国层面上经济集聚度基本保持了平稳增长,波动幅度逐渐收敛。

从中国东部、中部和西部地区分类来看,东部地区的经济集聚程度依然遥遥领先,14年间差异并没有明显缩小。中部地区和西部地区集聚度差异并不大,这可能是由于数据选择市辖区建成区为研究范围所体现的价值。从增长率上看,与全国数据相似,特定年份造成的增长率波动依然存在。其中,西部地区2008年从2007年的4.87%增长率提升到6.97%,可以认为西部地区的产业以重工业为主,受金融危机的影响相对较小。

表4-1　　全国及分类地区经济集聚程度(万元/平方千米)

年份	全国均值	东部地区	中部地区	西部地区	京津冀	长三角
2004	31 077.59	43 615.85	25 734.82	22 424.98	32 826.54	48 843.08
2005	33 791.4	47 565.97	27 326.97	24 718.24	39 880.57	53 110.26

续表

年份	全国均值	东部地区	中部地区	西部地区	京津冀	长三角
2006	36 342.99	51 181.74	29 324.72	26 608.44	42 991.29	57 571
2007	39 148.45	55 605.46	31 982.58	27 902.97	45 025.66	63 064.47
2008	41 341.47	58 786.49	33 158.76	29 847.51	46 779.23	66 924.86
2009	45 677.95	63 987.63	36 998.64	33 680.49	52 958.75	73 214.35
2010	48 139.9	67 236.38	39 256.43	35 504.11	60 224.4	74 257.43
2011	50 923.96	70 839.96	42 044.05	37 466.08	63 142.23	78 935.97
2012	54 181.68	74 734.84	44 770.78	40 472.82	67 104.7	84 865.68
2013	56 759.99	79 117.76	47 134.6	41 402.5	69 269.17	91 719.28
2014	58 988.02	82 135.27	48 343.86	43 581.97	72 501.32	97 789.62
2015	61 921.66	85 738.28	50 736.37	46 239.8	77 867.7	103 039.9
2016	64 784.81	89 919.12	52 766.56	48 391.05	79 292.58	109 048.3
2017	68 288.82	93 960.3	56 505.31	51 187.17	80 291.96	115 488.9

注：笔者根据测算结果绘制。

从京津冀和长三角地区（长三角包含安徽）的集聚程度均值对比来看，长三角地区的经济集聚程度依然高出一个档次。长三角地区在全国范围内也是区域经济中集聚程度最高的。京津冀地区的2005年经济集聚程度增长率高达21.49%，主要是由于北京2004年的"非典"给产业带来极大的冲击，2005年恢复生产后经济集聚程度随之反弹，爆发增长。京津冀地区在2016年和2017年经济集聚增长率开始逐步收敛，这与天津的城市扩张造成经济集聚程度降低有很大关系。同样，长三角地区2010年的经济集聚程度增长率下降主要的原因在于2010年上海因为世博会城市建设和扩容造成上海的经济集聚程度有所下降。如果用2010年的行政区域面积数据来计算经济密度，上海的经济集聚程度依然增长。

从具体省份的经济集聚程度的变化趋势来看，北京、河北、上海、江苏、浙江、山东、河南、湖南这8个东部地区省份，山西、安徽这2个中部地区省份以及广西、重庆、云南、青海这4个西部地区省份在2004—2017年经济集聚程度总体呈现出不断上升的发展趋势；广东、四川、内蒙古在2004—2017年经济集聚程度除2017年有所下降外，总体呈现出上升的趋势；辽宁、吉林、黑龙江、江西、湖北、山西、甘肃在2004—2017年经济集聚程度呈现出先上升后下降再上升的趋势；贵州、宁夏、新疆和海南在2004—2017年经济集聚程度总体呈现出波动上升的趋势。

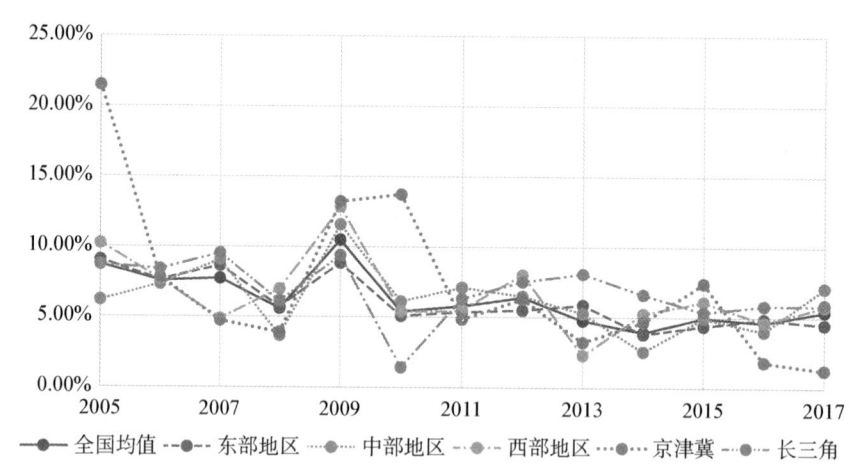

图 4-1　全国及分类地区经济集聚程度的增长率

注：笔者根据测算结果绘制。

从省级数据来看，2004—2017 年中国经济集聚程度存在显著的地区差异。从 2004—2017 年中国各省级行政区的经济集聚均值空间分布来看，数值低于 3 000 万元/平方千米的有青海和宁夏这 2 个西部地区省份，数值高于 70 000 万元/平方千米的有北京、上海、广东这 3 个东部地区省份。东部地区数值最高，平均数值为 63 342.32 万元/平方千米，其次是中部地区，平均数值为 39 453.73 万元/平方千米，数值最低的是西部地区，平均数值为 36 387.7 万元/平方千米。2004—2017 年间中国经济集聚程度最高的是上海，平均数值为 152 533.32 万元/平方千米，经济集聚程度最低的是宁夏，平均数值为 12 730.74 万元/平方千米。

采用地区就业人口区位熵对经济集聚程度进一步测算。如表 4-2 所示，研究期间均高于全国平均水平集聚程度的省份有：北京、天津、辽宁、上海、江苏、浙江、福建、江西、山东和广东。从整体趋势看，与经济密度的测算情况不同，多数省份的区位熵指数呈波动下降，这与劳动密集型产业减少有紧密联系，如北京、天津和上海都呈现出明显逐年下降的趋势，正好对应这些省份劳动密集型产业转移和产业结构调整升级。

上海、北京、天津、浙江、江苏和广东依然是全国经济集聚程度最高的几个省份。贵州、云南、甘肃和广西则是经济集聚较低的省份。从区域角度看，依然体现出东部地区经济集聚程度最高，中部地区和西部地区相对较低。

但由于区位熵指数是同年度本地区经济集聚程度与全国平均值的比较，

故无法有效捕捉本地区时间上纵向的实际变化。本地区本年比上一年区位熵指数高既有可能是本地区的经济集聚程度加深，也有可能是其他地区本年底经济集聚程度减弱的后果。

表4-2　　　　　　　部分年份地区非农就业人口区位熵指数

省份	2004年	2006年	2008年	2010年	2012年	2014年	2015年	2016年	2017年
北京	1.737	1.646	1.574	1.513	1.480	1.441	1.430	1.420	1.401
天津	1.578	1.508	1.484	1.446	1.422	1.392	1.383	1.374	1.356
河北	1.013	1.017	1.013	0.999	1.016	1.007	1.001	0.997	0.984
山西	1.053	1.040	1.013	1.000	0.997	0.973	0.962	0.960	0.947
内蒙古	0.851	0.814	0.833	0.833	0.863	0.918	0.909	0.887	0.855
辽宁	1.228	1.169	1.146	1.120	1.113	1.104	1.066	1.027	1.002
吉林	1.009	0.965	0.942	0.913	0.920	0.953	0.963	0.980	0.977
黑龙江	0.967	0.966	0.952	0.944	0.940	0.951	0.925	0.938	0.915
上海	1.743	1.664	1.603	1.554	1.497	1.460	1.442	1.431	1.413
江苏	1.243	1.242	1.240	1.250	1.236	1.218	1.218	1.218	1.213
浙江	1.384	1.363	1.359	1.351	1.340	1.305	1.296	1.297	1.286
安徽	0.920	0.942	0.998	0.980	0.993	1.014	1.013	1.011	1.004
福建	1.119	1.141	1.158	1.152	1.171	1.158	1.160	1.155	1.141
江西	1.104	1.073	1.053	1.037	1.047	1.045	1.044	1.046	1.043
山东	1.041	1.073	1.053	1.038	1.044	1.047	1.051	1.050	1.045
河南	0.784	0.822	0.862	0.887	0.908	0.895	0.911	0.912	0.921
湖北	0.979	0.924	0.886	0.862	0.867	0.901	0.920	0.935	0.942
湖南	0.930	0.941	0.942	0.926	0.913	0.893	0.886	0.881	0.879
广东	1.223	1.227	1.198	1.216	1.190	1.172	1.163	1.158	1.179
广西	0.782	0.791	0.764	0.738	0.726	0.726	0.737	0.739	0.732
海南	0.800	0.772	0.771	0.798	0.816	0.867	0.875	0.872	0.870
重庆	0.929	0.909	0.919	0.960	0.994	1.015	1.033	1.053	1.054
四川	0.896	0.900	0.906	0.907	0.913	0.913	0.917	0.924	0.921
贵州	0.440	0.474	0.486	0.510	0.544	0.584	0.602	0.632	0.648
云南	0.537	0.574	0.612	0.637	0.674	0.699	0.693	0.696	0.718
陕西	0.941	0.924	0.943	0.945	0.760	0.792	0.816	0.824	0.830
甘肃	0.775	0.648	0.633	0.618	0.617	0.634	0.641	0.652	0.658
青海	0.913	0.928	0.933	0.943	0.983	0.957	0.958	0.955	0.946
宁夏	0.938	0.960	0.928	0.809	0.804	0.826	0.834	0.841	0.863
新疆	0.858	0.862	0.846	0.821	0.800	0.824	0.835	0.837	0.862

三、经济集聚的多样性分析

表4-3反映了各地区主要年份第二产业和第三产业产值的赫芬达尔-赫希曼指数倒数,数值越高说明第二产业与第三产业的多样性程度越高,反之则说明该地区相对在其中一类产业相对专业化集聚。北京、上海呈现出较明显的下降趋势,这与两地近年来不断推进工业产业转移,深化生产性服务业集聚有关,两地的第三产业占比也逐年上升。河北、江苏、山东、河南等地的指数呈现出整体上升趋势,这与这些地区工业企业集聚不断深入、第二产业规模不断扩张有紧密的联系。

表4-3 各地区主要年份赫芬达尔-赫希曼指数倒数

省份	2004年	2008年	2010年	2012年	2014年	2016年	2017年
北 京	1.900	1.624	1.580	1.546	1.509	1.454	1.447
天 津	1.979	1.903	1.991	1.995	2.000	1.960	1.941
河 北	1.880	1.891	1.922	1.925	1.952	1.991	1.999
山 西	1.837	1.849	1.915	1.938	1.995	1.937	1.986
内蒙古	1.917	1.886	1.920	1.908	1.967	1.997	1.974
辽 宁	1.989	1.895	1.933	1.946	1.983	1.960	1.959
吉 林	1.956	1.975	1.935	1.914	1.933	1.994	2.000
黑龙江	1.795	1.916	1.957	1.996	1.977	1.827	1.757
上 海	1.998	1.987	1.954	1.910	1.832	1.723	1.738
江 苏	1.893	1.936	1.972	1.990	2.000	1.994	1.994
浙 江	1.950	1.964	1.986	1.995	2.000	1.992	1.977
安 徽	1.972	1.976	1.915	1.881	1.923	1.986	1.995
福 建	1.972	1.971	1.969	1.963	1.964	1.991	1.999
江 西	1.958	1.873	1.889	1.912	1.940	1.992	1.993
山 东	1.862	1.872	1.928	1.969	1.994	2.000	1.998
河 南	1.873	1.803	1.800	1.844	1.951	1.991	1.996
湖 北	1.966	1.997	1.970	1.954	1.992	2.000	1.998
湖 南	2.000	1.988	1.990	1.981	1.996	1.996	1.986
广 东	1.922	1.983	1.994	1.999	1.998	1.984	1.973
广 西	1.999	1.992	1.960	1.956	1.978	1.991	1.995
海 南	1.876	1.956	1.881	1.883	1.783	1.704	1.687
重 庆	1.993	1.988	1.920	1.961	2.000	1.997	1.994

续表

省份	2004年	2008年	2010年	2012年	2014年	2016年	2017年
四川	1.996	1.960	1.937	1.924	1.973	1.989	1.970
贵州	1.963	2.000	1.982	1.980	1.998	1.993	1.994
云南	1.973	1.995	1.994	1.999	1.999	1.982	1.973
陕西	1.962	1.873	1.929	1.896	1.932	1.990	1.987
甘肃	1.932	1.986	1.968	1.991	2.000	1.930	1.905
青海	1.975	1.894	1.903	1.862	1.935	1.992	1.999
宁夏	1.914	1.932	1.987	1.986	1.993	1.999	2.000
新疆	1.956	1.932	1.931	1.969	1.999	1.985	1.990

2012年至2017年多数地区都出现了峰值的现象,说明这段时期多数地区处于新产业不断形成旧产业尚未退出的新旧动能转换阶段,也从侧面反映了中国地区经济结构从2012年开始不断深入供给侧改革,优化各地区优势产业,形成区域产业协同发展环境。

四、经济的空间分布特征

为进一步分析中国经济空间集聚特征,本节利用Moran'I指数分别对中国非农产业产值和就业人口空间相关性进行分析。托布勒(Tobler,1969)的地理学第一定义提出,所有事物都存在空间相关性,并且相关性随距离的增加而减弱。Moran'I指数是计算变量空间相关性并分析变量空间集聚特征的常用指标(Anselin等,2007)。在Moran'I指数计算过程中,本小节分别使用二值相邻和地理距离矩阵表示地区间的空间关系。

表4-4汇总了根据2004年至2017年中国省级数据计算的非农产业产值和就业人口Moran'I指数及其显著性。可以发现,非农产业就业人口在两种矩阵条件下Moran'I指数均显著为正,非农产业产值在二值相邻矩阵条件下也均显著为正,在地理距离矩阵条件下除2010—2014年为正但不显著,其余年份也均显著为正。充分反映中国省级行政区非农产业的空间分布具有显著的正相关关系。换言之,中国省级行政区非农产业空间分布均具有明显的集聚特征。

表 4-4　　　　　　　　非农产业产值和就业人口 Moran'I 指数

	矩阵	2004年	2005年	2006年	2007年	2008年	2009年	2010年
非农产值	二值相邻	0.187**	0.128*	0.132*	0.134*	0.139*	0.125*	0.123*
	地理距离	0.108*	0.086*	0.084*	0.087*	0.089*	0.083	0.082
非农就业人口	二值相邻	0.172**	0.178**	0.175**	0.187**	0.189**	0.188**	0.18**
	地理距离	0.121*	0.121*	0.12*	0.126*	0.13*	0.129*	0.124*

	矩阵	2011年	2012年	2013年	2014年	2015年	2016年	2017年
非农产值	二值相邻	0.118*	0.119*	0.118*	0.123*	0.126*	0.132*	0.136*
	地理距离	0.081	0.082	0.082	0.083*	0.085*	0.089*	0.091*
非农就业人口	二值相邻	0.187**	0.203**	0.209**	0.207**	0.215**	0.211**	0.171**
	地理距离	0.124**	0.13**	0.14**	0.14**	0.143**	0.141**	0.124**

注：笔者根据 Stata 软件计算结果整理，* 代表 10% 显著，** 代表 5% 显著，*** 代表 1% 显著。

通过绘制非农产业产值和就业人口 Moran'I 指数趋势图（见图 4-2）可以发现，2005 年至 2016 年非农产业产值和就业人口在两种矩阵条件下的 Moran'I 指数趋势线虽然在个别年份出现了小幅度的波动，但整体上较为平稳上升，反映在此期间，中国各省级地区非农产业空间正相关关系较为稳定且总体上升。

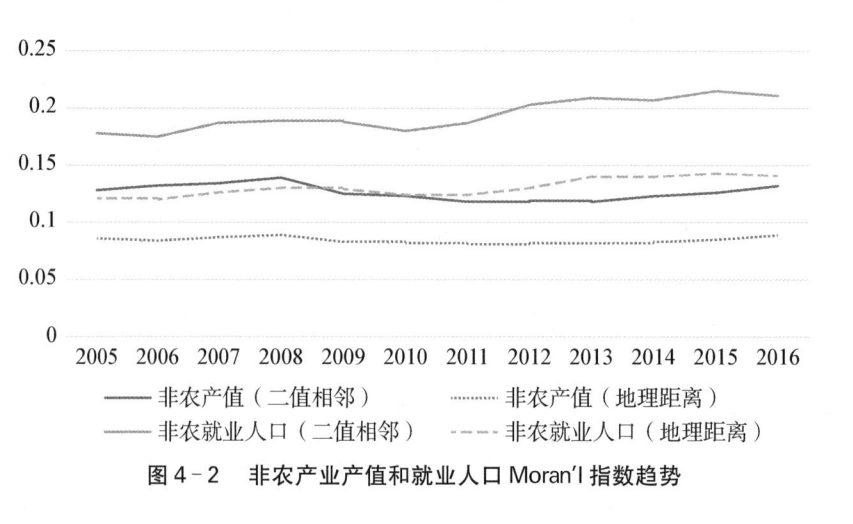

图 4-2　非农产业产值和就业人口 Moran'I 指数趋势

进一步对在地理距离矩阵条件下的非农就业人口区位熵做局部空间自相关分析。局部自相关分析通过计算每个个体的局部 Moran'I 指数，将个体对应到局部 Moran'I 指数散点图上,并根据个体所处象限对个体进行分类,每个象限内的个体具有不同的特征。位于第一象限的个体为 HH 类型,该类型个体自身指标水平值和其空间相关个体指标水平值均较高。位于第二象限的个体为 LH 类型,该类型个体自身指标水平较低,但与其空间相关个体指标水平值较高。位于第三象限的个体为 LL 类型,该类型个体自身指标水平值和其空间相关个体指标水平值均较低。位于第四象限的个体为 HL 类型,该类型个体自身指标水平值较高,但其空间相关个体指标水平值较低。

根据 2017 年的局部自相关检验结果绘制局部 Moran'I 指数散点图(见图 4-3)。

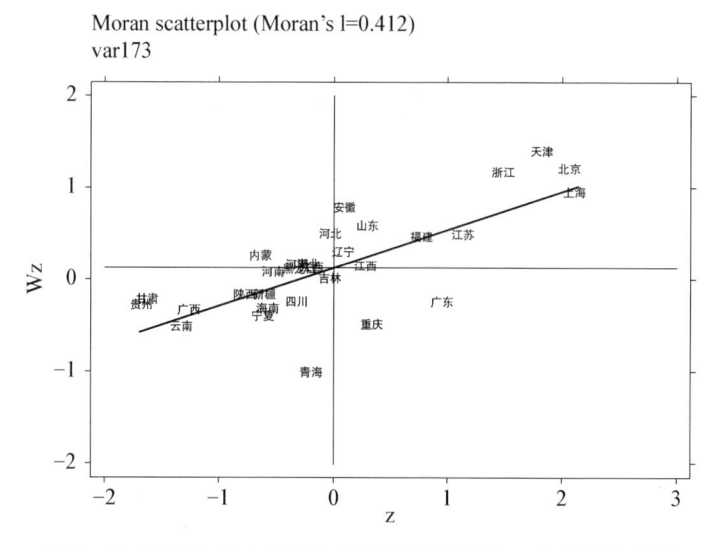

图 4-3　2017 年非农就业人口区位熵局部 Moran'I 指数散点图

为直观了解每个地区经济集聚程度的空间分布特征,对 2017 年区位熵局部 Moran'I 指数散点图中每个对应的地区及其所处象限进行整理,并将整理结果汇总于表 4-5。可以看出,北京、上海两个一线城市和天津、浙江、江苏、山东、福建、河北等省份均属于 HH 类型,说明这些地区的经济集聚程度自身较高且距离邻近地区的经济集聚程度也较高,形成区域性经济集聚区。LL 型主要包括贵州、云南、甘肃、海南、宁夏、广西、黑龙江、新疆等省份,说明这些地区的就业人口区位熵水平较低。内蒙古、河南和湖北属于自身经济集聚程度较低但周边较高的情况。重庆和广东属于自身集聚程度较高但周边都较低的情况,体现了两地作为区域性经济中心的定位。

表4-5　2017年各地区非农就业人口区位熵局部Moran'I指数的空间分布

类型	地区
HH	北京、上海、天津、浙江、江苏、福建、山东、安徽、江西、辽宁、河北
LH	内蒙古、河南、湖北
LL	贵州、云南、甘肃、广西、海南、宁夏、陕西、四川、新疆、吉林、湖南、黑龙江、青海、山西
HL	重庆、广东

注：笔者根据Stata软件计算构建的Moran'I指数散点图绘制。

第二节　能源消费的现状及特征分析

一、能源消费的现状

近些年来,伴随中国城镇化和工业化进程的快速推进,在取得经济快速增长奇迹的同时,中国的能源消费状况也发生了相应变化。本节将从能源消费总量和增长率角度进行统计分析。

从中国能源消费总量看,2004年以来中国能源消费总量持续增长(见图4-4)。2004年中国能源消费总量超过22亿吨标准煤。2011年中国能源消费

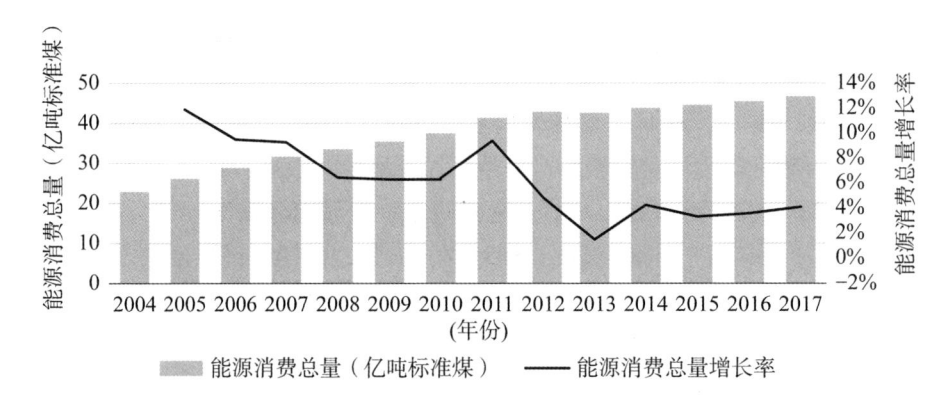

图4-4　2004—2017年中国能源消费总量

总量首次突破40亿吨标准煤,达到41.34亿吨标准煤。2013年,中国能源消费总量首次降低,较2012年的42.856亿吨标准煤减少了0.268亿吨标准煤。2017年,中国能源消费总量为46.687亿吨标准煤。14年内年均增长率达到5.3%。分阶段来看,2004—2017年中国的能源消费总量情况可以划分为两个阶段:2004—2011年快速上升阶段和2012—2017年平稳缓慢增长阶段。从增长率来看,2004—2017年整体呈现曲折下降。尤其是2012年以来下降迅速,从2011年增速9.2%直接降低至2013年的负增长,尽管2014年增速有所回升,但依然在3%以内徘徊。可见,随着中国对能源消费问题重视程度的逐渐提高,未来中国能耗总量将趋于平缓小幅增长。

二、能源消费的空间分布特征

中国的能源消费总量呈现出东部地区高于中西部地区。河北、山东、江苏和广东常年来占据能源消费总量前四的排名。下面将对各地区能源消费总量采取空间相关性进行分析,全局Moran'I指数报告于表4-6。地理距离条件下地区能源消费总量的Moran'I指数在2004—2008年皆显著为正,说明这段时期各地区的能源消费存在一定的空间正相关,从2008年开始系数下降,相关关系不断减弱。

表4-6　　　　能源消费总量Moran'I全局自相关指数

指标	矩阵	2004年	2005年	2006年	2007年	2008年	2009年	2010年
能源消费	二值相邻	0.077	0.084	0.079	0.075	0.071	0.067	0.034
	地理距离	0.095**	0.093**	0.093**	0.093**	0.088**	0.079	0.073

指标	矩阵	2011年	2012年	2013年	2014年	2015年	2016年	2017年
能源消费	二值相邻	0.027	0.032	0.029	0.012	0.014	0.002	−0.019
	地理距离	0.063	0.07	0.079	0.072	0.071	0.071	0.065

注:笔者根据Stata软件计算结果整理,*代表10%显著;**代表5%显著;***代表1%显著。

进一步对地区能源消费总量做局部自相关检验,并选择2017年的局部自相关检验结果绘制局部Moran'I指数散点图(见图4-5),并对每个点所处的地区和象限进行整理,汇总于表4-7。

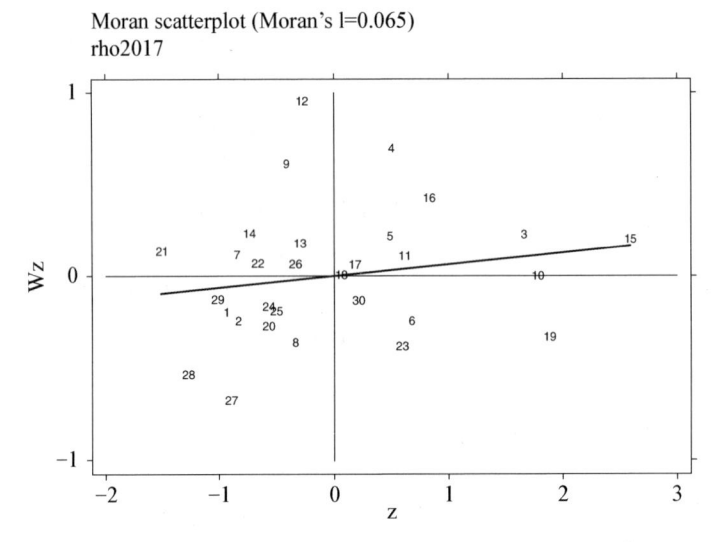

图 4-5　2017 年地区能源消费总量局部 Moran'I 指数散点图

表 4-7　　　　　各地区能源消费总量空间类型分布

类型	地区
HH	河北、山西、内蒙古、江苏、浙江、山东、河南、湖北、湖南
LH	吉林、上海、安徽、福建、江西、海南、重庆、陕西
LL	北京、天津、黑龙江、广西、贵州、云南、甘肃、青海、宁夏
HL	辽宁、广东、四川、新疆

注：笔者根据 Stata 软件计算构建的 Moran'I 指数散点图绘制。

资源型省份山西和内蒙古以及工业集聚程度较高的省份河北、江苏、浙江、山东、河南、湖北和湖南的能源消费总量和其距离接近的地区均较高，属 HH 类型。LL 类型的地区中，北京、天津为第三产业较发达地区，相对能源消费总量较低；黑龙江、广西、贵州、云南、甘肃、青海和宁夏等经济发展相对落后地区和周围地区能源消费总量都较低。吉林、上海、安徽、福建、江西、海南、重庆、陕西属于 LH 类型，反映这些地区从周围地区经济环境中获得能源消费总量降低的收益。辽宁、广东、四川、新疆属于 HL 类型，反映虽然这些地区周围能源消费总量相对较低，但其本身具有较高的能源消费总量，一定程度上说明这些地区承担了区域的经济发展重任。

第三节　污染排放的现状及特征分析

一、污染排放的现状

当前,环境问题正日益成为世界各国所面临的共同问题。工业发展推动中国经济实现举世瞩目的"增长奇迹",但高能耗、高排放的发展道路所形成的污染问题也十分严重。如今,污染排放是中国环境污染的重要方面,也是中国面临的主要环境问题。同时在"双碳"目标的背景下,经济活动中的二氧化碳排放也越来越得到人们的关注。作为最主要的温室气体,二氧化碳的排放对地球生态环境的破坏可能会产生十分严重的后果。鉴于中国经济绿色低碳转型的现实压力,本书在污染排放研究方面将纳入二氧化硫、工业废水、烟(粉)尘和二氧化碳排放量。本小节从省级行政区汇总的总量和增长率角度分析四种污染排放量,结果呈现于图4-6、图4-7、图4-8和图4-9。

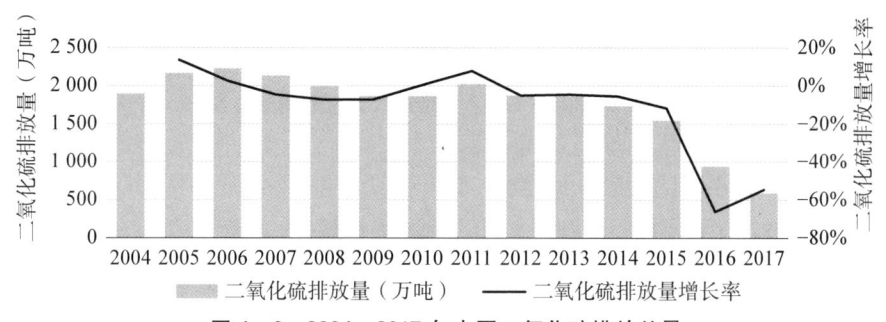

图4-6　2004—2017年中国二氧化硫排放总量

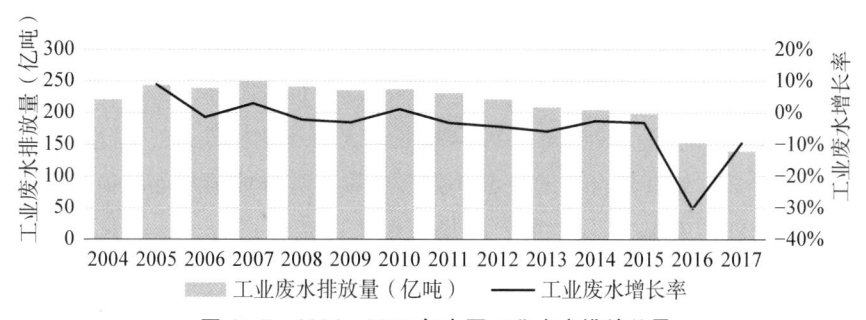

图4-7　2004—2017年中国工业废水排放总量

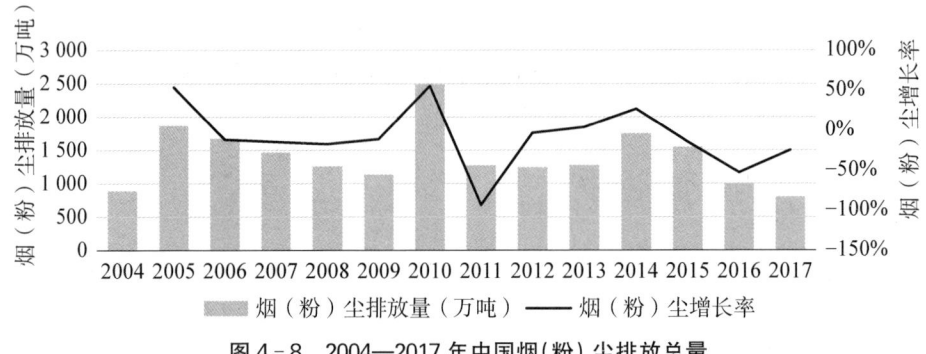

图 4-8　2004—2017 年中国烟(粉)尘排放总量

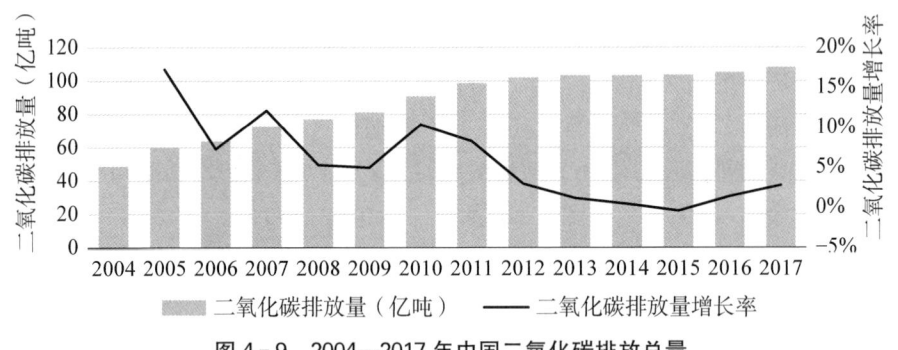

图 4-9　2004—2017 年中国二氧化碳排放总量

得益于近年来的生态文明建设,中国二氧化硫、工业废水和烟(粉)尘总量上都呈现波动下降趋势,特别是 2016 年总量上都有一个较大幅度的下降。从增长率角度来看,整体下降速率不断加大。2017 年下降速率有所减缓,主要原因是 2016 年有一个断层式的下降幅度,2016 年的总量已处于较低水平。未来中国二氧化硫、工业废水和烟(粉)尘有望进一步降低。

中国二氧化碳排放量总体上处于上升趋势。从增长率角度看可以分为三个阶段:2006 年至 2010 年增速也处于小幅波动增长阶段;从 2011 年至 2015 年增长速率不断下降;2016 年和 2017 年增长率又有小幅提升。二氧化碳排放和其他大气污染排放有其自身的特点:第一,二氧化碳排放很难如二氧化硫排放等能清晰找到污染源头,采取简单环境规制手段监督;第二,二氧化碳的捕捉封存技术尚不成熟,处理后再无碳排放较难有效;第三,二氧化碳的排放不仅发生在生产过程中,在运输、生产、销售和使用的产品全生命周期等也会发生二氧化碳排放,对二氧化碳排放治理提出了更高的要求。

二、污染排放的空间分布特征

对各地区污染排放采取空间相关性进行分析,全局 Moran'I 指数报告于表 4-8。

表 4-8　　污染排放 Moran'I 全局自相关指数

指标	矩阵	2004年	2005年	2006年	2007年	2008年	2009年	2010年
二氧化硫	相邻	0.014	0.037	0.03	0.042	0.024	0.028	0.015
	地理	0.087	0.07	0.082	0.085	0.081	0.088	0.081
工业废水	相邻	0.179*	0.135	0.147	0.189*	0.202*	0.243**	0.241*
	地理	0.093	0.056	0.077	0.072	0.058	0.093	0.081
烟(粉)尘	相邻	0.056	0.148	0.141	0.163*	0.157	0.146	0.038
	地理	0.088**	0.144**	0.163**	0.177**	0.174**	0.131**	0.092**
二氧化碳	相邻	0.185*	0.230*	0.224*	0.231*	0.229*	0.215*	0.225*
	地理	0.179*	0.167*	0.153*	0.166*	0.174*	0.170*	0.161*

指标	矩阵	2011年	2012年	2013年	2014年	2015年	2016年	2017年
二氧化硫	相邻	0.119	0.104	0.095	0.083	0.066	0.005	−0.015
	地理	0.147*	0.147*	0.148*	0.134*	0.102	−0.002	0.032
工业废水	相邻	0.272**	0.237*	0.265**	0.234*	0.275**	0.276**	0.247**
	地理	0.126*	0.105	0.132*	0.122*	0.142*	0.118*	0.115
烟(粉)尘	相邻	0.229*	0.196*	0.171*	0.255**	0.283**	0.207*	0.132
	地理	0.295***	0.258***	0.256***	0.28***	0.298***	0.207***	0.145*
二氧化碳	相邻	0.192*	0.180*	0.198*	0.194*	0.191*	0.174*	0.140*
	地理	0.161*	0.158*	0.184**	0.178*	0.168*	0.167*	0.168*

注:笔者根据 Stata 软件计算结果整理。* 代表10%显著;** 代表5%显著;*** 代表1%显著。

地理距离条件下四种污染排放的 Moran'I 指数在多数年份皆显著为正,说明四种污染排放在多数年份均存在正相关,即空间相关地区的污染排放具有正的空间溢出效应。

进一步对地区污染排放做局部自相关检验。选择四种污染排放在地理距离矩阵条件下全局 Moran'I 指数均显著的 2014 年作为代表年份进行局部自相关检验。对绘制局部 Moran'I 指数散点图中每个点所处的地区和象限进行整理,汇总于表 4-9。

表4-9　　2014年四种污染排放的地区空间类型分布

二氧化硫	地　　区
HH	3河北、4山西、5内蒙古、15山东、16河南、26陕西、30新疆
LH	7吉林、9上海、12安徽、13福建、17湖北、18湖南、22重庆、29宁夏、21海南、25云南
LL	1北京、2天津、8黑龙江、11浙江、14江西、20广西、27甘肃、28青海
HL	6辽宁、10江苏、19广东、23四川、24贵州

工业废水	地　　区
HH	10江苏、11浙江、12安徽、13福建、15山东、16河南、17湖北、18湖南
LH	4山西、9上海、14江西、21海南、22重庆、
LL	1北京、2天津、5内蒙古、7吉林、8黑龙江、24贵州、25云南、26陕西、27甘肃、28青海、29宁夏、30新疆
HL	3河北、6辽宁、19广东、20广西、23四川

烟(粉)尘	地　　区
HH	3河北、4山西、5内蒙古、6辽宁、8黑龙江、10江苏、12安徽、15山东、16河南、26陕西
LH	7吉林、17湖北、29宁夏
LL	1北京、2天津、9上海、11浙江、13福建、14江西、18湖南、19广东、20广西、21海南、22重庆、23四川、24贵州、25云南、27甘肃、28青海
HL	30新疆

二氧化碳	地　　区
HH	3河北、4山西、5内蒙古、10江苏、11浙江、12安徽、15山东、16河南
LH	7吉林、9上海、13福建、14江西、17湖北、18湖南、26陕西
LL	1北京、2天津、8黑龙江、20广西、21海南、22重庆、23四川、24贵州、25云南、27甘肃、28青海、29宁夏
HL	6辽宁、19广东、30新疆

注：笔者根据Stata软件计算构建的Moran'I指数散点图绘制。

整体上看，多数地区属于HH类型和LL类型。河北、内蒙古、山东、河南、陕西等北方地区自身污染排放较高且地理距离邻近地区的污染排放也较高，污染排放一定程度上在北方地区形成空间集聚。北京、天津、黑龙江、广西、海南、云南、甘肃、青海和宁夏等地区自身污染排放降低且地理距离上邻近地区的污染排放也较低，形成了低污染的空间集聚。吉林、上海和福建等地区污染排放较低但周边距离邻近地区污染排放较高。辽宁、江苏、广东和四川污染排放较高但周边距离邻近地区污染排放较低，一定程度体现了这些地区在区域范围内作为工业和制造业中心的地位。

从污染物异质性角度看，二氧化硫排放和烟（粉）尘排放的地区类型有较大相似之处，一定程度反映了两种污染物排放的源头有一定的相似性。工业废水排放体现出东部地区比西部地区更集中，南方比北方更集中的现象，这与自然河流分布情况密不可分。二氧化碳呈现出工业密集型和能源密集型地区集中现象。

第四节　本章小结

本章利用赫芬达尔指数、区位熵指数和经济密度指数对省级行政区（省、自治区、直辖市）的经济集聚程度进行了测算和比较，分析了中国经济集聚、能源消费和污染排放的现状，并运用 Moran'I 指数分别对经济集聚、能源消费和污染排放做空间分布特征分析。研究发现，中国经济集聚程度整体上不断加大，东部地区经济集聚程度明显远远高于中部和西部地区，且差异没有明显缩小；中国经济多样化集聚与专业化集聚同步推进，产业结构正处于调整之中；非农产业空间分布具有显著的集聚特征。能源消费方面，中国能源消费上升趋势明显，但增长率波动下降；2008年前各地区的能源消费存在一定的空间正相关，从 2008 年开始系数不断下降，相关关系不断减弱。污染排放方面，二氧化硫、工业废水和烟（粉）尘排放量呈逐年下降趋势，二氧化碳排放量仍处于上升趋势；各地区污染排放存在明显的地理距离空间正相关。

第五章　经济集聚对污染排放强度的实证分析

绿色经济效率是在新古典经济全要素生产率分析框架下,将能源消费纳入投入变量,并把污染排放作为非期望产出的社会经济运行效率。经济集聚能否从投入端提高能源效率、从产出端降低污染排放强度,是提高绿色经济效率的关键。现有的经济效率研究忽视了经济增长所造成的污染排放问题。在验证经济集聚对绿色经济效率的影响作用之前,先从产出角度验证经济集聚对非期望产出污染排放强度是否与理论结果一致,是非常有必要的。本章将采用2004—2017年中国省级行政区(省、自治区、直辖市)的面板数据对四种污染排放强度进行实证检验。主要分两个部分进行:第一,通过经济集聚对污染排放强度的数理模型构建实证模型,得出经济集聚、能源强度和劳动生产率是对污染排放强度产生影响的主要因素;第二,对理论假说1进行检验,即检验经济集聚对污染排放强度的影响,考虑到污染排放的异质性、空间效应和检验结果的稳定性,依次选择适合的计量模型检验经济集聚对二氧化硫、工业废水、烟(粉)尘和二氧化碳排放强度的影响。

第一节　经济集聚对污染排放强度的实证模型构建

一、实证模型构建

根据第三章的经济集聚对污染排放强度的数理模型式3-6:

$$\frac{P_i}{Q_I}=\Phi-\delta\ln\frac{Q_i}{L_i}+\zeta\ln\left(\frac{E_i}{Q_i}\right)+\eta\ln\left(\frac{Q_i}{A_i}\right) \tag{3-6}$$

第五章 经济集聚对污染排放强度的实证分析

结合第三章的影响机制分析,经济集聚对污染排放强度的影响很有可能是非线性的,因此在式 3-6 中加入经济集聚程度的二次项和三次项并进一步加入其他控制变量,得到用来估计的计量模型如下:

$$\frac{P_i}{Q_I} = \beta_0 - \beta_1 \ln\left(\frac{Q_i}{A_i}\right) + \beta_2 \left[\ln\left(\frac{Q_i}{A_i}\right)\right]^2 + \beta_3 \left[\ln\left(\frac{Q_i}{A_i}\right)\right]^3 + \beta_4 \ln\left(\frac{E_i}{Q_i}\right) + \beta_5 \ln\left(\frac{Q_i}{L_i}\right) + \delta \sum X_{it} + u_i + \varepsilon_{it}$$

为了后续表达的便捷性,整理得计量模型:

$$\frac{P_i}{Q_I} = p_{kit} = \beta_0 + \beta_1 ag_{it} + \beta_2 sag_{it} + \beta_3 cag_{it} + \beta_4 ei_{it} + \beta_5 lp_{it} + \delta \sum X_{it} + u_i + \varepsilon_{it} \quad (5-1)$$

其中,i 表示省份,t 表示年份;p_{kit}($k=1,2,3,4$) 分别表示二氧化硫、工业废水、烟(粉)尘和二氧化碳排放强度,与式 3-6 中 $\frac{P_i}{Q_I}$ 保持一致,采用单位非农产出的污染排放量予以度量;ag_{it} 表示经济集聚指数的对数值,与式 3-6 中的 $\ln\left(\frac{Q_i}{A_i}\right)$ 对应,充分考虑实证结果的稳健性,这里分别采用第四章构建的产值经济密度和就业人口的区位熵指数取自然对数值作为代理变量做稳健性检验,以及经济集聚取对数值的二次项(sag_{it})和三次项(cag_{it})。ei_{it} 表示能源强度的对数值,与式 3-6 中 $\ln\frac{E_i}{Q_i}$ 保持一致,采用单位非农产出的能源消费量来衡量。lp_{it} 表示劳动生产率的对数值,与式 3-6 中 $\ln\frac{Q_i}{L_i}$ 保持一致,采用非农产出与非农年末就业人口的比值的自然对数。数理模型中推导得出且普遍认为劳动生产率的提高会对降低污染排放强度有作用。β_0—β_5 为待估系数;u 表示地区固定效应项,ε 表示随机扰动项。同时考虑到污染排放强度的影响因素众多,引入一组控制变量 X_{it},包括经济发展水平、环境规制、产业结构和政府干预。

经济集聚程度、能源强度和污染排放强度可能都具有空间溢出效应。忽视空间溢出效应考虑变量之间的关系可能会影响结果的准确性。本地区解释变量会对被解释变量产生影响,与本地区有空间联系的地区的解释变量或被解释变量对本地区被解释变量也能产生影响。综合考虑变量的空间溢出效应和污染物排放强度的异质性,通过相关性检验,采用合适的空间面板开展实证研究。在经济集聚对污染排放强度面板模型式5-1的基础上构建经济集聚对污染排放强度的空间面板模型式5-2:

$$p_{kit}=\beta_0++\rho_1\sum_{i=1}^n\omega_{ij}p_{kjt}+\beta_1ag_{it}+\beta_2sag_{it}+\beta_3cag_{it}+\beta_4ei_{it}+\beta_5lp_{it}$$
$$+\rho_2\sum_{i=1}^n\omega_{ij}ag_{jt}+\rho_3\sum_{i=1}^n\omega_{ij}sag_{jt}+\rho_4\sum_{i=1}^n\omega_{ij}cag_{jt}+\delta\sum X_{it}$$
$$+\lambda\sum_{i=1}^n\omega_{ij}X_{jt}+u_i+\varepsilon_{it}$$

(5-2)

ω_{ij}是用来描述地区间空间邻近关系的空间权重矩阵的元素,与多数现有研究只考虑二值邻近矩阵不同。考虑到实际的地理距离是影响空间效应的主要因素,本章借鉴了平智毅、吴学兵、吴雪莲(2019)的做法,采取两省之间省会城市的地理坐标来计算距离,构建地理距离矩阵。

借鉴邵帅等(2019)、朱英明等(2019)的做法,用省级行政区面板数据检验经济集聚对污染排放的影响。但不同于多数文献只检验一类污染物的做法,考虑到污染物排放强度的异质性和模型的稳定性,本节先后检验了二氧化硫排放强度、工业废水排放强度、烟(粉)尘排放强度和二氧化碳排放强度四种污染物排放强度的情况。同时考虑根据污染排放强度的空间莫兰指数,选择合适的非空间面板模型和空间面板模型进行检验。

二、变量说明与数据来源

上述模型变量中除二氧化碳排放量,其余变量指标均可根据相关统计资料报告的数据予以构造。其中,二氧化碳排放量的具体测算方法为:用IPCC(2006)参考方法结合中国官方公布的相关参数对其进行估算:

$$二氧化碳排放量=\sum 含碳能源消费量\times 标准煤折算系数\times$$
$$碳排放系数\times 44/12 \tag{5-3}$$

第五章 经济集聚对污染排放强度的实证分析

表5-1 能源的碳排放系数

能源种类	煤炭	焦炭	原油	汽油	煤油	柴油	燃料油	天然气	水电	核电
排放系数	0.756	0.855	0.586	0.554	0.571	0.592	0.619	0.448	0	0

注：笔者根据IPCC(2006)数据绘制。

基于数据的可得性和口径一致性，本书采用2004—2017年中国30个省级行政区（省、自治区、直辖市）[①]的面板数据作为研究样本，数据主要来源于历年《中国统计年鉴》《中国能源统计年鉴》《中国科技统计年鉴》《中国劳动统计年鉴》《中国环境年鉴》及各省（自治区、直辖市）统计年鉴，其中各类货币量指标均以2000年不变价格进行了平减调整。此外，在实证分析时，除了对模型中设定的变量取自然对数，还将对控制变量中非百分比指标度量的数据均取自然对数以降低样本数据的离散程度。各变量的定性描述报告于表5-2，各变量的描述性统计情况报告于表5-3。

表5-2 经济集聚对污染排放影响各变量的定性描述

变量类型	符号	含义	度量指标及说明	单位	预期符号
被解释变量	P_k	污染排放强度	单位非农产出的污染排放量	万吨	/
核心解释变量	ag	经济集聚	经济密度或区位熵取自然对数	万元/平方公里	非线性
	ei	能源强度	单位非农产出的能源消费量（2000年不变价格）取自然对数	吨标煤/万元	正
	lp	劳动生产率	劳均非农产出取自然对数	亿元/万人	负
控制变量	$pgdp$	经济发展水平	人均地区生产总值取自然对数（2000年不变价格）	万元/人	未知
	$regu$	环境规制	环境治理的投资额占地区生产总值	百分比	负
	$stru$	产业结构	工业增加值占地区生产总值比重	百分比	正
	gov	政府干预	财政支出占地区生产总值	百分比	未知

注：笔者根据前文分析绘制。

---

① 台湾、香港、澳门和西藏因数据严重缺失而未做实证分析。

表 5-3　　　　　　　　各变量的描述性统计

变量	平均值	标准差	最大值	最小值	观测数
二氧化硫	11.26	13.1	109.739	0.025	420
工业废水	0.954	0.826	5.472	0.055	420
烟(粉)尘	8.369	8.589	50.992	0.132	420
二氧化碳	0.397	0.273	1.573	0.056	420
经济集聚(经济密度)	10.687	0.485	12.349	9.142	420
经济集聚(区位熵)	0.997	0.245	1.743	0.44	420
能源强度	7.295	0.553	8.827	6.133	420
劳动生产率	10.949	0.475	12.062	9.844	420
经济发展水平	9.911	0.888	11.468	6.23	420
环境规制	1.346	0.667	4.24	0.3	420
产业结构	0.394	0.083	0.592	0.118	420
政府干预	0.214	0.094	0.627	0.079	420

劳动生产率(lp)采用地区非农产出与非农年末就业人口的比值取自然对数测度。普遍认为劳动生产率的提高会带来经济效率的提高，同时会节约资源的消耗和能源的消耗，预计对降低污染排放强度有促进作用。

经济发展水平($pgdp$)采用人均地区生产总值的自然对数测度。随着经济发展水平的提高，人们普遍对产品的需求量增加，促进厂商开展更大规模的生产，根据理论框架规模效应会导致污染排放的增大；同时经济发展必然伴随着城镇化的进程，大量基础设施的建设同样会造成污染排放在一定时期的增加；经济发展水平的提高也会带来更多的资本、技术和观念向着绿色低污染转变。

环境规制($regu$)以地区环境治理投资额占地区生产总值的比重指标来衡量。环境规制不仅能够直观上约束企业的污染排放行为，还可能对企业的生产产生间接效应。如"波特假说"表明，适度的环境规制可以形成倒逼机制，激发企业为了满足环境规制的要求而改进生产技术，转型生产更加绿色环保的产品(Porter & Linde, 1995)，进而促进地区污染排放强度的降低。借鉴张成等(2011)的研究，本书采用各省份的污染治理投资额占GDP的比值来表示环境规制强度，进一步检验"波特假说"的存在性。预期其系数符号为负。

产业结构($stru$)采用地区工业增加值占该地区生产总值比重来衡量。工业生产部门产生的污染排放要显著大于服务业部门和农业部门。因此产业结构中工业的占比越大,越不利于非期望产出污染排放强度的降低。因此,本书采用工业增加值占地区生产总值的比重来表示产业结构对污染排放强度的影响,并预期其系数符号为负。

政府干预(gov)采用地方财政支出占当地地区生产总值的比重来表示。政府干预程度也是影响污染排放的重要因素(Li & Lin,2017);政府干预可以通过基础设施建设等方式弥补市场的不足,以解决市场无效率和信息不对称的问题(冯继康,1994)。在这种情况下,政府干预和指导会达到污染排放降低的目的。但政府干预过度或政府干预不当会造成效率降低,引起资源错配等无效率生产问题。同时考虑到中国省级行政区(省、自治区、直辖市)过去一段时期普遍存在的"GDP竞赛"以及官员晋升的"唯GDP论",可能会忽视环境保护和生态文明建设这些非短期显现的行为,这样也会造成污染排放强度的上升。

第二节 经济集聚对污染排放强度的实证检验

一、经济集聚对二氧化硫排放强度的检验

上一章对四种污染物排放量进行了Moran'I检验。采用地理距离矩阵时Moran'I指数虽然均多数显著,但由于被解释变量是污染排放强度,在对空间面板模型进行参数估计前,需进一步对污染排放强度采用地理距离矩阵做空间相关性检验并选择合适的计量模型。经济集聚对二氧化硫排放强度的空间相关性检验结果报告于表5-4,显示各空间回归方程对应的Moran'I指数均在1%的水平上显著,可以选择空间面板模型检验。LM检验显示当经济集聚指数采用经济密度测算时,选择SAR模型更好;当经济集聚指数采用区位熵测算时,既可以选择SEM模型,也可以选择SAR模型,因此选择SDM模型。效应检验得出时间和地区双固定更适合,但由于Hausman检验显示模型选择随机效应更理性,故选择随机效应模型;Wald检验同样显示经济集聚选择经济密度测算时不可选择SDM模型,而选择区位熵测算时则应选择SDM模型。虽然选择经济密度LR检验显示在5%和10%显著性拒绝原假设可以选择SDM模型,但根据LM和Wald检验选择SAR模型;区位熵LR检验和Wald检验一

表 5-4　经济集聚对二氧化硫排放强度空间相关性检验结果

经济集聚的测算方法	经济密度（产值）	区位熵（就业人口）
Moran's I	13 000***	36 000***
LM Error(Burridge)	0.724	5.083**
LM Error(Robust)	0.57	14.538***
LM Lag(Burridge)	3.153*	0.025
LM Lag(Robust)	2.998*	9.481***
效应检验	双固定	双固定
Hausman 检验	随机	随机
Wald Test for SAR	2.37	10.04**
Wald Test for SEM	3.97	9.98**
LR SDM SAR	17.19**	24.33***
LR SDM SEM	16.24*	23.95***

注：笔者根据 Stata 软件计算结果整理。* 代表 10% 显著，** 代表 5% 显著，*** 代表 1% 显著。

致，选择 SDM 模型。综上，确定经济集聚采用经济密度测算时选择 SAR 随机效应模型，采用区位熵测算时选择 SDM 随机效应模型。

根据空间检验结果，分别采用经济密度和区位熵作为经济集聚的变量做空间面板实证检验，并报告只考虑核心解释变量时的 OLS 结果。所有四个模型的 R-square 和 log-likelihood 绝对值都较大，说明模型具有较好的拟合度，可信度较高。表 5-5 显示，所有模型检验的经济集聚三次项系数皆为负且 1% 水平显著，说明经济集聚与二氧化硫排放强度具有先降低—后升高—再降低的非线性关系。与理论分析一致，二氧化硫排放作为工业化的代表性非期望产物充分体现了经济集聚不同水平时对污染排放强度的作用不同。能源强度变量的系数在四个模型中均在 1% 显著性水平下为正，说明能源强度的上升对二氧化硫排放强度具有直接正面的影响，与理论分析一致。能源的消耗特别是化石能源在燃烧的过程中二氧化硫是主要的副产品。劳动生产率的系数在 OLS 估计时显著为负，但在空间计量模型中为负但不显著。劳动生产率的提高往往是技术进步所带来的结果，使得资源配置更加合理化，生产效率不断提高，间接使循环经济的效应对污染排放强度具有一定的抑制作用。同样经济发展水平的提高一方面致使能源使用效率提高，二氧化硫排放强度降低；另一方面促使人民对生态和健康的需求不断上升，二氧化硫作为一种高危害性大

表 5-5　　　　　经济集聚对二氧化硫排放强度的实证检验

经济集聚测算方法 模型类型	经济密度 OLS	区位熵 OLS	经济密度 SAR(RE)	区位熵 SDM(RE)
经济集聚一次项	−2 226.076*** (−3.88)	−246.258*** (−5.51)	−1 523.37*** (−2.7)	−237.762*** (−3.46)
经济集聚二次项	189.327*** (3.63)	236.321*** (5.37)	129.474** (2.5)	239.155*** (3.82)
经济集聚三次项	−5.342*** (−3.38)	−70.001*** (−5.09)	−3.629** (−2.33)	−70.126*** (−3.86)
能源强度	13.462*** (14.16)	17.59*** (18.13)	12.095*** (4.94)	13.929*** (4.43)
劳动生产率	−4.919*** (−4.57)	−4.912*** (−4.86)	−4.491 (−1.43)	−2.23 (−0.49)
经济发展水平	—	—	−5.984** (−1.99)	−12.305** (−2)
环境规制	—	—	−0.201 (−0.43)	0.115 (0.24)
产业结构	—	—	−4.469 (−0.67)	−1.77 (−0.25)
政府干预	—	—	−0.143 (−0.01)	−24.62* (−1.72)
常数项	8 653.11*** (4.12)	15.732 (0.76)	5 951.445*** (2.89)	−5.816 (−0.05)
空间自回归系数	—	—	0.147* (1.76)	0.165* (0.79)
R-square	0.689	0.628	0.641	0.582
log-likelihood	—	—	−1 375.484	−1 372.559
观测数	420	420	420	420

注：笔者根据 Stata 软件计算结果整理。括号内以 OLS 模型估计时为 t 值，其余为 z 值。* 代表 10% 显著，** 代表 5% 显著，*** 代表 1% 显著。

气污染越来越能够引起大众的关注，社会对二氧化硫污染的容忍度不断降低，客观上会提高工业企业改善工艺、提高污染治理能力，减少二氧化硫的排放。环境规制系数不显著，可能的解释是现有环境规制的管理成本和监督成本都较高，环保评价的准确性近几年也经常遭到质疑，虽然环境规制的手段和能力不断提升，但环境规制的效率依然不高。产业结构的系数为负但不显著，可能的原因是二氧化硫的产生主要集中在能源消耗过程中，虽然第三产业的发展一定程度上降低了工业领域的污染排放，但由于中国依然主要采取煤炭燃烧的方式发电,第三产业发展对电力的需求不断提高,故对二氧化硫排放强度的减小并不显著。政府干预的系数皆为负且在SDM模型中10%显著,说明政府的指导对二氧化硫的排放强度降低具有直接的作用。政府干预可以通过升级基础设施、淘汰落后产能、实现产业有序转移、补贴新能源企业等方式客观上降低二氧化硫的排放强度。

空间自回归系数在两个模型中均为10%显著性水平下为正,表示二氧化硫排放强度对自身具有正向的空间溢出效应。一方面,中国多数煤电行业处于西部几个煤炭大省,因此会产生正向溢出效应;另一方面,各个省级行政区之间有一定的"逐底竞争",能带来经济效益的高二氧化硫排放企业可能在距离相近省份集聚。

二、经济集聚对工业废水排放强度的检验

经济集聚对工业废水排放强度做空间效应检验得到 Moran's I 指数 P 值为 2,不显著,故不可采用空间面板模型。可能的解释是一方面工业废水不同于其他三种污染排放,只能选择有河流的地区排放,在空间相关性上与地理距离或是否地区相邻并不直接相关。另一方面,工业废水主要的来源为钢铁、石油化工、有色、纺织、造纸等行业,这些行业的工业废水占全国的工业废水排放总量的50%以上,具有较强的行业相关特性,故工业废水的排放强度和以上行业的集聚地区有直接关系。接下来将选取经济密度作为经济集聚的代理变量,采用 OLS、FE 和 GEE 模型进行检验。OLS 模型分别考虑加控制变量与不加控制变量的情形,FE 模型选择个体效应固定。由于同一测量对象的多次测量数据结果之间很可能有关联,如果不考虑数据之间的相关性会造成信息损失。由于 OLS 和 FE 模型都要求数据之间独立,故考虑模型稳健性选取 GEE 模型进行检验。

表5-6结果显示四种模型设定情况下,经济集聚的三次项系数均为负且显著。经济集聚的不同阶段对工业废水排放强度同样具有先降低—后升高—再降低的影响。工业废水的排放源具有很强的行业特性,且行业集聚现象在国内较为普遍,如江苏的纺织印染行业、河南的有色金属行业等经常集聚于一个地级市的地区。专业化的集聚带来了规模化、技术的进步、产业产品升级和政策环境的改良,在这个过程中推动工业废水排放强度的波动降低。能源强度的系数全部为负且在三种模型设定下显著,说明能源强度不是推高工

表 5-6　　　　　　　经济集聚对工业废水排放强度的检验

模型类型	OLS（不含控制变量）	OLS（含控制变量）	FE（个体）	GEE
经济集聚一次项	-142.939***	-112.976***	-67.911*	-65.326*
	(-3.28)	(-2.61)	(-1.82)	(-1.81)
经济集聚二次项	12.252***	9.516**	6.115*	5.748*
	(3.09)	(2.42)	(1.8)	(1.75)
经济集聚三次项	-0.349***	-0.266**	-0.182*	-0.168*
	(-2.9)	(-2.23)	(-1.78)	(-1.68)
能源强度	-0.138*	-0.06	-1.036***	-0.6***
	(-1.91)	(-0.73)	(-4.05)	(-3.02)
劳动生产率	-1.184***	-0.942***	-1.549***	-1.391***
	(-14.47)	(-4.99)	(-6.7)	(-6.81)
经济发展水平	—	-0.045	-0.926***	-0.605***
		(-0.27)	(-4.12)	(-3.01)
环境规制	—	0.15***	0.101***	0.089***
		(3.81)	(3.32)	(2.96)
产业结构	—	0.689**	-0.422	-0.365
		(2.48)	(-0.93)	(-0.86)
政府干预	—	-1.869***	1.463	0.593
		(-4.43)	(1.51)	(0.79)
常数项	568.95***	457.347***	284.315**	272.84**
	(3.57)	(2.89)	(2.08)	(2.02)
R-square	0.549	0.597	0.343	—
F-Test	—	—	16.39***	
Wald	—	—	—	902.91***
观测数	420	420	420	420

注：笔者根据 Stata 软件计算结果整理。括号内以 GEE 模型估计时为 z 值，其余为 t 值。* 代表 10% 显著，** 代表 5% 显著，*** 代表 1% 显著。

业废水排放强度的因素，在一定程度上具有抑制作用，可能的解释是随着工业废水高污染行业的电气化改造引起的技术进步客观上降低了工业废水排放强度，特别是使工业废水的循环利用效率不断提高。劳动生产率的系数在四种模型中均在1%显著水平下为负，可以看出生产效率的提高对工业废水的源头企业减排具有非常显著的影响。由于工业废水不同于其他污染物排放，其主要是在工业用水过程中产生，而工业用水则作为企业的原材料，劳动生产率的提升一方面提高了产出，另一方面通过工艺改善减少了原材料的使用，客观上引起排放强度的降低。

经济发展水平的系数在 FE 模型和 GEE 模型中均显著为负。随着人民生活水平的不断提高,和对空气质量的要求一样,对河流与湖泊的清洁也有了更强烈的需求。不同于二氧化碳等污染物排放,工业废水中的污染物具有多样性且往往对排放的河流湖泊短期具有较明显的生态破坏结果,河流湖泊的恶臭、蓝藻泛滥等现象会立即引起人们的关注。故人们生活水平的提高会倒逼企业不断减少对河流湖泊的污染,客观上对工业废水排放强度起到抑制作用。环境规制对工业废水排放强度反而具有促进作用,可能的情况是各个地区对工业废水的环境规制严格程度不一,造成了某些地区成为"污染避难所",如太湖流域的保护方面,浙江和江苏的环境规制有一定差异,造成太湖流域的养殖往往在江苏地区内集聚。产业结构和政府干预的系数只有在 OLS 模型下显著,产业结构中工业占比越高则工业废水排放越大。政府干预通过一定的指导起到了降低工业废水排放强度的作用。

三、经济集聚对烟(粉)尘排放强度的检验

烟(粉)尘是工业生产过程中向空气中排放的主要污染物,同时也是 PM_{10} 和 $PM_{2.5}$ 的主要污染物,对大气污染较大。在中国,煤炭燃烧是烟(粉)尘的主要来源,在近几年环保举报事件中占比最大的也是烟(粉)尘污染举报,其中以建筑行业和餐饮行业的举报事件最多。为充分考虑经济集聚对污染排放强度的实证检验稳健性,在烟(粉)尘的实证分析中,经济集聚的代理变量主要选择采用就业数据的区位熵测算结果作为解释变量。矩阵选择地理距离矩阵。空间相关性检验结果如表 5-7 所示,Moran's I 指数 1% 水平显著且模型应该选择 SDM 随机效应。

表 5-7　　经济集聚对烟(粉)尘排放强度空间相关性检验结果

Moran's I	81 000***
LM Error	26.051***
LM Error(Robust)	20.11***
LM Lag	8.018**
LM Lag (Robust)	2.077
效应检验	双固定

续表

Moran's I	81 000***
Hausman 检验	随机效应
Wald Test for SAR	21.35***
Wald Test for SEM	25.18***
LR SDM SAR	26.9***
LR SDM SEM	28.06***

先后考虑不添加控制变量和添加控制变量的情形,分别采用OLS和SDM模型检验,结果报告于表5-8。四种情形下经济集聚的三次项系数皆为负,且在三种情形下均在10%水平和5%水平显著。与理论假说一致,随着经济集聚程度的加深,烟(粉)尘排放强度呈现出先降低—后升高—再降低的非线性下降曲线。四种情形的R-square和log-likelihood绝对值都较大,说明模型具有较好的拟合度,可信度较高。

表5-8 经济集聚对烟(粉)尘排放强度的实证检验

模型类型	OLS(不含控制变量)	OLS(含控制变量)	SDM(RE)(不含控制变量)	SDM(RE)(含控制变量)
经济集聚一次项	-16.69 (-0.59)	-17.207 (-0.61)	-43.442 (-1.16)	-35.063 (-0.89)
经济集聚二次项	33.327 (1.2)	35.017 (1.25)	62.298* (1.77)	54.523 (1.49)
经济集聚三次项	-13.703 (-1.57)	-14.53* (-1.66)	-23.108** (-2.22)	-21.128** (-1.97)
能源强度	12.482*** (20.32)	12.582*** (20.23)	9.97*** (6.39)	9.236*** (5.32)
劳动生产率	-2.507*** (-3.91)	-2.429*** (-3.76)	-3.991*** (-2.73)	-3.305** (-2.11)
环境规制	—	0.164 (0.43)	—	-0.201 (-0.68)
产业结构	—	-2.585 (0.99)	—	-11.504*** (-2.76)
常数项	-57.567*** (-4.37)	-58.48*** (-4.42)	16.652 (0.34)	-11.862 (-2.22)
空间自回归系数	—	—	0.612*** (12.02)	0.624*** (12.41)
R-square	0.653	0.654	0.646	0.624

续表

模型类型	OLS(不含控制变量)	OLS(含控制变量)	SDM(RE)(不含控制变量)	SDM(RE)(含控制变量)
log-likelihood	—	—	−1194.91	−1190.478
观测数	420	420	420	420

注：笔者根据Stata软件计算结果整理。括号内以OLS模型估计时为t值，SDM模型估计时为z值。* 代表10%显著，** 代表5%显著，*** 代表1%显著。

能源强度的系数在四种情形下皆为正且1%水平下显著。正如之前分析的，烟(粉)尘排放强度主要与能源消费有关，特别是与化石能源的燃烧有强烈的正相关。劳动生产率则呈现出显著抑制烟(粉)尘排放强度的效果，进一步证明劳动生产率的提高能降低污染排放强度。环境规制的系数依然不显著，由于采用的是环境治理投资额占GDP作为代理变量，可能的情况是环境治理投资的管理成本和监督成本过高而造成效率下降。产业结构的系数为负和二氧化硫情况类似，再次证明烟(粉)尘排放强度与能源消费特别是煤炭能源的燃烧高度相关，和第二产业占比的关系并不明显。能源结构和能源消费总量不发生改变，仅仅产业结构的升级很难带来烟(粉)尘排放强度的下降。

空间自回归系数皆显著为正，说明烟(粉)尘排放强度对自身有正向的空间溢出效应。烟(粉)尘排放主要来源于煤炭燃烧，与东部地区工业和居民生活主要依赖电力能源不同，中国西部地区和北方地区无论电力行业还是居民生活取暖主要依靠煤炭燃烧，在空间上形成了烟(粉)尘排放强度高的地区与地区间距离接近，烟(粉)尘排放强度低的地区与地区间距离更近。

四、经济集聚对二氧化碳排放强度的检验

二氧化碳虽然不同于以上三种污染物对人体健康产生直接影响，但全球气候变暖等效应皆与二氧化碳排放有直接或间接的联系，所以最近十年来对全球控制碳排放的倡议越来越多，二氧化碳排放也广泛被列入环保的主要指标。首先检验经济集聚对二氧化碳排放强度的空间相关性，经济集聚的代理变量同样选择采用就业数据的区位熵测算结果作为解释变量。矩阵选择地理距离矩阵。Moran's I指数在1%水平显著，Wald检验和LR检验均提示使用SDM模型，Hausman检验显示选择随机效应，因此在考察经济集聚对二氧化

碳排放强度的实证检验中选择 SDM 随机效应模型。

表 5-9　经济集聚对二氧化碳排放强度空间相关性检验结果

Moran's I	2 590.882***
LM Error	0.026
LM Error(Robust)	0.008
LM Lag	0.22
LM Lag (Robust)	0.201
效应检验	地区固定
Hausman 检验	随机效应
Wald Test for SAR	13.29***
Wald Test for SEM	11.75***
LR SDM SAR	39.58***
LR SDM SEM	48.17***

充分考虑模型的稳健性,除进行空间面板检验外,将 OLS 的结果也报告于表 5-10,并先后加入控制变量做检验。四种情形的 R-square 和 log-likelihood 绝对值都较大,说明模型具有较好的拟合度,可信度较高。所有情形下经济集聚的三次项系数皆为负,且在 1% 水平显著。与理论假说一致,经济集聚程度与二氧化碳排放强度呈现出先降低—后升高—再降低的非线性下降关系。二氧化碳排放强度降低的关键在于技术的革新,技术的革新带来整个经济体系的升级,从工业文明到生态文明的转换,经济从高碳经济向低碳经济转型。技术进步和革新具有偶然性,只有具有适应环境的技术革新才具有生命力。经济不同集聚的阶段正好创造出不同的环境,一方面促进更多技术革新的出现,另一方面为满足不同集聚程度对应环境的技术革新创造了孕育空间,使技术不断推广和成熟。因此,经济集聚的不断深化会带来二氧化碳排放强度的曲折下降。

表 5-10　经济集聚对二氧化碳排放强度的实证检验

模型类型	OLS(不含控制变量)	OLS(含控制变量)	SDM(RE)(不含控制变量)	SDM(RE)(含控制变量)
经济集聚一次项	-3.708*** (-5.72)	-3.905*** (-6.39)	-5.07*** (-7.8)	-5.913*** (-9.37)

续表

模型类型	OLS(不含控制变量)	OLS(含控制变量)	SDM(RE)(不含控制变量)	SDM(RE)(含控制变量)
经济集聚二次项	3.68*** (5.76)	4.03*** (6.79)	4.514*** (7.4)	5.156*** (9.07)
经济集聚三次项	−1.136*** (−5.69)	−1.251*** (−6.73)	−1.275*** (−7.19)	−1.412*** (−8.65)
能源强度	0.506*** (35.9)	0.469*** (29.2)	0.423*** (13.45)	0.456*** (13.31)
劳动生产率	0.104*** (7.07)	0.0318 (0.73)	0.047** (2.17)	−0.05 (−1.15)
经济发展水平	—	−0.002 (−0.05)	—	−0.07 (−1.2)
环境规制	—	0.002 (0.31)	—	0.0009 (0.24)
产业结构	—	0.481*** (8.56)	—	0.093 (1.34)
政府干预	—	0.686*** (6.2)	—	−0.222* (−1.79)
常数项	−3.27*** (−10.82)	−2.6*** (−8.86)	−1.423*** (−2.68)	−1.472 (−1.21)
空间自回归系数	—	—	875.547 (0.81)	0.088 (0.95)
R-square	0.819	0.852	0.806	0.79
log-likelihood	—	—	604.494	631.764
观测数	420	420	420	420

注:笔者根据 Stata 软件计算结果整理。括号内以 OLS 模型估计时为 t 值,以 SDM 模型估计时为 z 值。* 代表 10% 显著,** 代表 5% 显著,*** 代表 1% 显著。

能源强度与二氧化碳排放强度呈现出高度正相关。人类工业文明以来主要依靠化石能源提供动力,工业文明过去 200 年的时间可以等同于化石能源文明。随着化石能源消费的不断增大,二氧化碳的排放量也随之不断上升,引起的气候变暖问题深深威胁着人类的可持续发展。在现阶段清洁可再生能源暂时还无法取代现有化石能源的情况下,不断降低能源强度,严格落实能源双控成为经济低碳化最行之有效的手段。劳动生产率在不加入控制变量的两个模型中均显著为正,一定程度上说明现有的劳动生产率提高手段尚不足以降低二氧化碳排放强度,更多的是作用于产量上的提高、成本的降低、经济效益的增加。

经济发展水平系数为负但不显著,可能的原因是随着经济发展水平的不断提升,人们对二氧化碳排放危害的认知也不断完善。导致全球气候变暖的罪魁祸首即是二氧化碳为主的温室气体,这些气体使大气的保温作用增强,从而使全球温度升高。全球平均气温每升高1摄氏度,海平面可能会上升2米。升温2摄氏度,则动物减少8%,珊瑚消失90%,水资源将变得匮乏。升温5摄氏度,地球整体环境将完全破坏,甚至可能造成生物大灭绝。[①]2015年200个缔约方共同通过了《巴黎协定》,主要目标将气温升高控制在1.5摄氏度之内,并设置了一系列细则目标。中国在近几年也不断重视二氧化碳的减排。习近平主席在2020年9月22日第七十五届联合国大会一般性辩论上提出"中国二氧化碳排放力争2030年前达到峰值,努力争取2060年前实现碳中和",正式向世界递交了中国的二氧化碳减排时间表。随着经济发展水平的提升,人们逐渐意识到可持续发展的重要性,开始主动应对气候变暖问题,主动改变过去高碳的发展模式。这里经济发展和二氧化碳排放强度有两层联系:一是经济发展水平的提高使人们摆脱了贫困,人们只有离开了当前的生存危机才能关注远期的气候变暖问题,可持续发展需要同时关注当代和未来的经济发展水平;二是随着经济发展水平的提高,也有更多的资本、技术和劳动力投入二氧化碳减排的绿色经济中,各地区的合作也不断加深,共同推动二氧化碳排放强度的降低。

环境规制在二氧化碳排放强度模型中依然不显著,验证了现有的环境规制方法需要进一步完善,各地区一体化环境规制效率需要进一步提升。产业结构在OLS模型中推动了二氧化碳排放强度的升高。根据IEA的数据,2018年中国二氧化碳排放主要行业为:发电和供热占51%,工业占28%,交通占10%,建筑占6%,农业占1%,其他占4%。这验证了工业是二氧化碳排放的主要领域,降低二氧化碳排放强度的主要责任也落在了工业领域的低碳化转型。政府干预在OLS中显著为正,主要原因是中国的低碳化转型尚处于孕育中,在研究期内多数地方政府并无压力和动力去落实低碳化基础设施或指导产业低碳转型。空间自回归系数为正但不显著,也从侧面反映了二氧化碳的减排是整个经济体系的转型,不是依靠某个地区某个产业转型就可以完成,而需要全社会共同努力才能实现"30·60"的双碳目标。

---

① 安永碳中和课题组.一本书读懂碳中和[M].北京:机械工业出版社.2021.

第三节 本章小结

本章在新古典经济全要素分析框架下重点验证了经济集聚对污染排放强度的影响,提出理论假说1:在经济集聚的三个不同阶段,经济集聚对污染排放强度的影响呈现出"先降低——后增大(降速减缓)——再减少"的趋势。根据第三章推导的经济集聚对污染排放强度的数理模型构建其实证计量模型,并充分考虑污染排放强度的异质性及空间效应,通过空间相关性检验选择适合的空间计量模型和非空间计量模型,分别对二氧化硫排放强度、工业废水排放强度、烟(粉)尘排放强度和二氧化碳排放强度做相应的实证检验,主要结果如下:

第一,在经济集聚对污染排放强度的实证检验中,充分考虑污染物排放强度的异质性和不同计量模型的设定并更换不同的经济集聚测算方式。经济集聚与污染排放强度呈现出先降低——后增大(降速减缓)——再减少的曲折下降趋势,体现了良好的稳定性,在一定程度上验证了经济集聚的不同阶段通过规模效应、技术效应、产业产品结构效应和政策环境效应对污染排放强度有不同的影响。在经济集聚未形成阶段,虽然规模效应会增大污染排放强度,但技术进步带来的原材料节省、经济效益的增长和产品耐用性提高以及生态环境的自洁作用共同对污染排放强度具有抑制作用;在经济初步集聚阶段,工业规模化的产品大量生产虽然带来了经济效益的大量提高,同时也带来了大量生产环节和使用环节的污染排放。技术进步更多的是在生产成本的降低方面作出了突出的贡献,对自然资源获取的手段和技术也大幅提高,带来了远超自然生态系统能够承受的污染排放。产业产品结构更是朝着大量消费需求的方向演进,进一步刺激了过度消费和浪费。此时经济集聚带来的是污染排放强度的提高。在经济深度集聚阶段,大量新技术在集聚区内出现,但只有符合绿色要求的技术才会得到不断孕育和发展推广,集聚规模化的放大效应和政策环境不断营造出更适合绿色技术发展的环境。更多绿色产品和绿色产业,特别是绿色可再生清洁能源的转型使整体的污染排放强度不断降低。

第二,能源强度是影响污染排放强度的重要因素。四种污染排放强度的实证检验中,除了工业废水排放强度模型,其余三种模型均显著显示能源强度对污染排放强度具有促进作用。二氧化硫、烟(粉)尘和二氧化碳的排放源共同指向了化石燃料的燃烧过程。根据英国独立气候智库 Ember 发布的《全球电力行业回顾》，近几年中国发电行业中煤电占比大致在 63.9%。一度火电约排放 838 克二氧化碳，中国一年的火电所产生的二氧化碳排放需要约 24 亿棵树花一年时间才能全部吸收完。煤电的发电过程中还同时产生二氧化硫和烟（粉）尘等多种大气污染物，因此大力发展不会产生大量污染排放的可再生清洁能源代替传统火电才是一条标本兼治的可持续道路。

第三，劳动生产率提高能抑制多数污染排放强度，但二氧化碳与其他污染物具有异质性。劳动生产率的提高均显著降低二氧化硫、工业废水和烟（粉）尘的排放强度，但对二氧化碳排放强度具有促进作用。不同于其他污染物排放多集中在供给侧，二氧化碳的排放在供给侧和需求侧均存在。单纯劳动生产率的提高可能在供给侧对污染排放强度具有一定的抑制作用，但很难在需求侧起作用，反而由于劳动生产率的提高激发了更多的消费需求。在无其他情况改变的条件下，劳动生产率的提高反而会整体上提高二氧化碳的排放强度。

第四，经济发展水平与多数污染排放强度负相关。和劳动生产率的情况类似，二氧化硫和烟（粉）尘排放强度与经济发展水平显著负相关，但二氧化碳排放强度为负但不显著。现阶段经济发展水平的提高还不足以引起人们对低碳化的关注，但对二氧化硫和烟（粉）尘等直接影响身体健康的污染排放较为关注。环境规制效果在四种污染排放强度上均不理想，环境规制的管理成本和监督成本较高是造成规制效率不高的主要原因。产业结构升级对污染排放强度降低作用不显著，在能源结构不改变的情况下仅仅产业结构的变化可能并不能带来污染排放强度的下降。政府干预对二氧化硫和工业废水排放强度具有一定的减少作用，但在二氧化碳排放强度上的作用不明确。政府在基础设施上的投入和产业上的指导能在一定程度上降低人们重点关心的有害污染的排放，但中国低碳化转型尚在起步阶段，低碳化基础设施和政策指导还不完善。根据控制变量的实证检验，可以得出二氧化碳和其他污染排放具有较大的不同，需要在产业指导和环境规制等方面差异化考量。

第五，污染排放强度具有较强的空间溢出效应，即在空间维度上，地区间的污染排放强度表现出显著的空间正相关性，表明在"GDP 锦标赛"的驱动下，地方政府在环境的制度设计上易于形成显著的策略性竞争效应，因而环保政策的制定和实施必须形成有效的区域协同联动效应。

第六章　经济集聚对能源效率影响的实证分析

绿色经济效率是在新古典经济全要素生产率分析框架下，将能源消费纳入投入变量，并把污染排放作为非期望产出的社会经济运行效率。经济集聚能否从投入端提高能源效率，从产出端降低污染排放强度，是提高绿色经济效率的关键。现有的经济效率研究忽视了能源消费的问题，而在验证经济集聚对绿色经济效率的影响作用之前，先从投入角度验证经济集聚对能源效率是否与理论结果一致是非常有必要的。本章将采用中国省级行政区（省、自治区、直辖市）的面板数据对能源效率进行实证检验。主要分两个部分进行：第一，构建全要素能源效率和单要素能源效率，并对各地区全要素能源效率的总体情况做初步分析；第二，通过经济集聚对能源效率的数理模型构建实证模型；第三，基于中国省级行政区总体面板数据，对理论假说2进行检验，即检验经济集聚对能源效率的影响。考虑能源效率的空间效应和检验结果的稳定性，采用适合的空间计量模型分别检验经济集聚对全要素能源效率和单要素能源效率的影响。

第一节　能源效率的测算方法及其结果分析

能源效率在经济学上是指用相同或更少的能源获得更多的产出。选择不同的测算方法，能源效率就有不同的测算结果。下面根据研究需要对常用能源效率的测算方法进行简单介绍。

一、能源效率的测算方法

对能源效率的经济学测算主要包括"单要素和全要素"两个框架，因此相应的测算方法也主要有以下两种:第一种是单要素能源效率;第二种是全要素能源效率。

单要素能源效率(Partial Factor Energy Efficiency)是仅将能源要素与产出进行比较,不考虑其他要素。单要素能源效率常被定义为有效经济产出和能源投入之比,即能源强度的倒数。其具体的计算公式为:

$$PFEE = \frac{Y}{E} \quad (6-1)$$

其中,$PFEE$ 表示单要素能源效率,Y 表示有效的经济产出,E 表示生产过程中的能源投入。式 6-1 的值越大,表示单位能源投入的经济产出越大,即单要素能源效率就越高。

全要素能源效率(Total Factor Energy Efficiency)即考虑各种投入要素相互作用的能源效率。借鉴胡均立等(Hu & Wang,2006)的研究,其具体的计算公式为:

$$TFEE = \frac{Y}{F(K, L, E)} \quad (6-2)$$

$TFEE$ 表示全要素能源效率,Y 依然表示有效的经济产出,K 表示生产过程中的资本投入,L 代表劳动力投入,E 代表能源投入。同样式 6-2 的值越大表示全要素能源效率越高。

单要素能源效率侧重于评价一个经济体的有效产出与能源投入之间的比值。其主要优点在于计算方便,局限性在于有效经济产出不仅仅和能源这个要素有关。全要素能源效率是将能源投入要素与其他资本投入、劳动力投入等要素结合起来考核其对有效经济产出的影响,是一种综合性评价能源效率的方法。所以,本章重点采取全要素能源效率的测算方法来较为科学准确地计算能源效率,同时后续实证中将采用单要素能源效率作为稳健性检验。

全要素能源效率需要考虑各种投入要素之间的加总,需要考虑单位量纲的问题,而针对这种综合性效率指标的 DEA[①] 的方法恰好能解决上述问题。DEA 方法是以样本能源投入产出数据为基准,通过线性规划来计算生产系统的前沿面,并以前沿面上的最优能源投入与实际能源投入的比值来评价各决策单元的能源效率。本章采取非径向并考虑松弛变量的 Super-SBM 模型,运

---

① 关于 DEA 方法和模型将在第七章详细说明。

用 MaxDEA 软件进行测算。计算出能源综合效率即为本章定义的能源效率（EE）：

$$EE = \frac{Y}{F(K, L, E)} \qquad (6-3)$$

二、指标选取和数据处理

根据前文的分析，全要素能源效率测算需要考虑的投入变量是资本投入、劳动力投入和能源投入，经济产出变量为地区生产总值。

资本投入（K）：由于资本投入存在跨时期的实际投入量的问题，借鉴多数文献的研究，普遍采用"资本存量"这个指标来衡量资本投入。关于"资本存量"的具体测度，本书借鉴张军等（2004）的做法，采用"永续盘存法"，初始年份2004年资本存量也采取张军等（2004）中的计算所得。以2000年为基期按不变价格计算各年份、各地区的资本存量。其具体的计算方法为

$$K_{i,t} = K_{i,t-1}(1-\delta) + \frac{I_{i,t}}{P_{i,t}} \qquad (6-4)$$

其中，$K_{i,t}$ 表示地区 i 第 t 年的非农产业的资本存量，$K_{i,t-1}$ 表示地区 i 第 $t-1$ 年的资本存量，δ 表示固定资产折旧率，$I_{i,t}$ 表示地区 i 第 t 年的非农产业的固定资产投资额，$P_{i,t}$ 表示地区 i 第 t 年的非农产业固定资产投资价格指数。

劳动力投入（L）：理论上劳动力的投入量是由劳动人数、劳动者素质以及个体劳动时间共同决定的。但是在实际数据获取过程中，劳动者素质和个体劳动时间的数据难以获得，因此本章采用地区非农产业的年末就业人数作为劳动力投入的代理指标。

能源投入（e）：由于本书的研究对象是地区内的全部非农经济活动，非农经济活动中消耗的能源可能存在煤炭、石油、天然气等多种能源形式。故本章采用能源统计年鉴的分地区分品种中历年的能源消费总量来表示能源投入。单位是万吨标准煤。

经济产出（Y）：本章选用地区非农生产总值加总作为经济产出的指标，并以2000年为基期的不变价格，单位为亿元。

三、能源效率的测算结果分析

本章选择全要素能源效率指标,考虑资本投入、劳动力投入和能源投入作为输入变量,选择经济产出作为输出变量并且选择非径向且考虑松弛变量的情况下运用 MaxDEA 软件来测算 2004—2017 年 30 个省级行政区(省、自治区、直辖市)的非农产业能源效率,具体情况如下。

表6-1　　　　　　　　全国整体和区域地区能源效率

年份	全国整体均值	东部地区	中部地区	西部地区	京津冀	长三角
2004	0.729	0.916	0.609	0.63	0.739	0.835
2005	0.739	0.931	0.615	0.637	0.817	0.84
2006	0.732	0.931	0.608	0.623	0.817	0.845
2007	0.729	0.92	0.593	0.637	0.812	0.826
2008	0.737	0.919	0.596	0.657	0.818	0.834
2009	0.718	0.913	0.588	0.618	0.81	0.843
2010	0.728	0.913	0.58	0.651	0.797	0.843
2011	0.719	0.904	0.569	0.642	0.794	0.851
2012	0.713	0.901	0.554	0.641	0.789	0.85
2013	0.743	0.94	0.582	0.663	0.855	0.876
2014	0.727	0.932	0.563	0.64	0.845	0.878
2015	0.72	0.932	0.555	0.629	0.846	0.88
2016	0.717	0.932	0.554	0.62	0.852	0.885
2017	0.649	0.937	0.465	0.493	0.707	1.065

注:笔者根据 MaxDEA 测算结果绘制。

从全国整体情况来看,能源效率处于窄幅波动中。东部地区的能源效率如同其经济发展水平一样是所有地区当中最高的并有小幅的提升,中部和西部地区的能源效率没有明显差异,两者较为接近,且整体上都呈现了能源效率波动递减的趋势。长三角作为中国经济集聚程度最高,经济发展最为充分的地区,能源效率也大幅领先全国水平,但和东部地区整体比并没有明显优势;不同于其他地区,2017 年长三角地区能源效率出现大幅增长。京津冀地区由于河北的能源效率的不高,拖累了整体的数据,但整体上依然表现为增长趋势。

表6-2报告了部分年份各省级行政区的全要素能源效率情况。从时间序

表 6-2　　　　　　　全国各省份部分年份全要素能源效率

省份	2004 年	2006 年	2008 年	2009 年	2012 年	2013 年	2016 年	2017 年
北京	0.824	1.027	1.050	1.049	1.054	1.056	1.059	1.055
天津	0.864	0.883	0.878	0.865	0.831	1.015	1.016	0.682
河北	0.529	0.543	0.527	0.516	0.482	0.495	0.480	0.384
山西	0.600	0.580	0.607	0.543	0.497	0.542	0.445	0.345
内蒙古	0.697	0.660	0.653	0.649	0.579	0.617	0.592	0.355
辽宁	0.743	0.715	0.690	0.684	0.653	0.701	0.644	0.477
吉林	0.662	0.633	0.594	0.587	0.580	0.632	0.608	0.499
黑龙江	0.790	0.800	0.764	0.756	0.648	0.656	0.606	0.477
上海	1.247	1.236	1.177	1.180	1.222	1.155	1.196	2.059
江苏	0.774	0.794	0.814	0.837	0.860	1.006	1.019	1.002
浙江	0.750	0.762	0.766	0.765	0.747	0.768	0.773	0.712
安徽	0.567	0.590	0.580	0.590	0.571	0.575	0.552	0.487
福建	1.012	0.818	0.791	0.779	0.717	0.743	0.707	0.581
江西	0.607	0.607	0.601	0.603	0.598	0.613	0.603	0.537
山东	0.641	0.650	0.657	0.671	0.672	0.715	0.733	0.734
河南	0.558	0.560	0.528	0.509	0.484	0.490	0.488	0.438
湖北	0.491	0.514	0.525	0.543	0.519	0.567	0.549	0.446
湖南	0.595	0.576	0.570	0.576	0.534	0.582	0.583	0.496
广东	1.334	1.309	1.286	1.257	1.224	1.207	1.152	1.155
广西	0.590	0.589	0.568	0.553	0.479	0.502	0.474	0.380
海南	1.356	1.505	1.472	1.441	1.447	1.478	1.469	1.470
重庆	0.670	0.685	0.698	0.711	0.714	0.743	0.709	0.591
四川	0.491	0.518	0.513	0.532	0.536	0.577	0.565	0.475
贵州	0.428	0.476	0.487	0.492	0.492	0.497	0.412	0.330
云南	0.576	0.550	0.548	0.542	0.453	0.471	0.422	0.334
陕西	0.552	0.544	0.537	0.531	0.598	0.653	0.565	0.397
甘肃	0.549	0.606	0.596	0.594	0.599	0.620	0.582	0.534
青海	1.061	1.074	1.087	1.102	1.087	1.095	1.091	1.119
宁夏	0.784	0.618	1.004	0.563	1.039	1.030	1.002	0.624
新疆	0.532	0.528	0.541	0.527	0.478	0.485	0.408	0.279

注：笔者根据 MaxDEA 测算结果自行绘制。

列看，北京、天津、江苏、浙江、山东、湖北、重庆和四川在多数年份整体呈现出全要素能源效率上升的情况。而河北、山西、内蒙古、辽宁、吉林、黑龙江、安徽、福建、河南、广东、广西、云南和新疆多数年份全要素能源效率处于下降趋势。可以初步得出结论,全要素能源效率和经济发达水平以及产业结构高度相关。广东的全要素能源效率虽然有一定的下降趋势,但与其他省份对比依然处于较高水平,可能的原因是广东的产业规模在研究期内处于快速扩大期间,规模效应产生的能源消费增加较为快速。

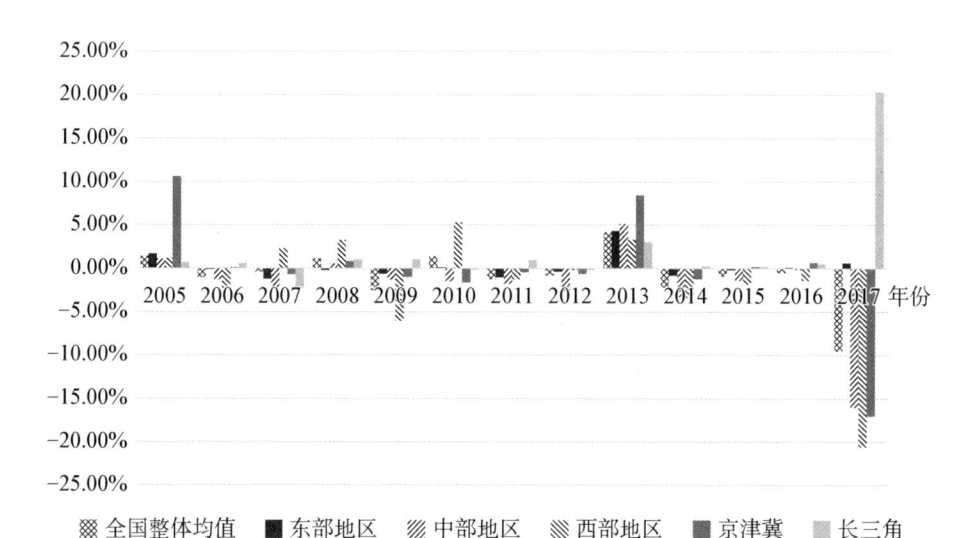

图 6-1　全国整体及部分区域能源效率的增长率

注:笔者根据 MaxDEA 测算结果绘制。

从各省份对比情况来看,经济水平发达的北京、上海、广东能源效率也都处于较高的水平,其中上海 2017 年能源效率更是取得了较高幅度的增长;福建、海南和青海的能源效率比起其他省份也明显处于较高的水平,这与这几个省份工业高能耗企业较少有直接联系;能源资源较为丰富的省份如山西、内蒙古等的能源效率普遍不高且处于下降趋势;工业企业较为密集的省份如江苏和山东等能源效率呈递增的趋势。

从能源效率增长率来看,除去 2017 年和个别省份的情况,基本都处于 5% 区间内波动。2017 年由于经济增长减速等,能源效率也较大幅度下滑。长三角地区 2009 年能源效率的逆势上涨主要依赖于上海的能源效率大幅度提升,这与上海经济结构调整起步较早、抗风险能力较强有关。2009 年能源效率跌幅较大,可能的原因是那一年财政的四万亿投资造成很多基础建设的开工,基础建设往往对能源需求较大,同时经济产出具有滞后性且较为缓慢。

第二节　经济集聚对能源效率影响的实证模型构建

一、实证模型构建

第五章的研究表明能源强度对污染排放强度具有显著的提高作用。这章将重点研究经济集聚对能源效率影响。区别于第五章的能源强度即单要素框架下单位非农产出的能源消费,为了更全面系统地考察经济集聚和能源效率的关系,本章选用全要素框架下能源效率作为被解释变量。全要素能源效率和能源强度有显著的不同,全要素能源效率更加关注能源作为投入要素所贡献的产出效率问题,更能直观地体现经济集聚对能源资源配置效率和合理化的影响。结合第三章中经济集聚对能源效率影响的理论分析和数理模型推导:

$$\frac{Q}{E*T} = \alpha_E^{-1} \left(\frac{Q_i}{A_i}\right)^\eta \frac{P_E}{P_Q} \quad (3-11)$$

根据式3-11中的变量关系可以发现全要素能源效率 $\frac{Q}{E*T}$ 与经济集聚程度 $\frac{Q_i}{A_i}$ 以及实际能源价格 $\frac{P_E}{P_Q}$ 密切相关。实际能源价格的影响因素一方面具有偶然性,另一方面更多和经济繁荣度息息相关。为重点突出经济集聚对全要素能源效率的影响作用,这里将实际能源价格的影响内化为经济发展水平。

为后续表达便捷做整理后将经济集聚对全要素能源效率影响的实证模型设定如下:

$$EE_{it} = \beta_0 + \beta_1 ag_{it} + \delta \sum X_{it} + u_i + \varepsilon_{it} \quad (6-5)$$

其中,EE 为被解释变量,表示能源效率;ag 为解释变量,表示经济集聚程度;X 为控制变量,分别为经济发展水平、环境规制、产业结构和政府干预。

由第三章经济集聚对能源效率影响的理论分析可知,在经济集聚的不同阶段经济集聚通过规模效应、技术效应、产业产品结构效应和政策环境效应对能源效率的影响存在非线性关系。在经济集聚未形成阶段,经济集聚对能源效率有降低作用;在经济初步集聚阶段,经济集聚对能源效应依然表现出抑制作用;在经济深度集聚阶段,经济集聚对能源效率有显著提高作用。所以在式 6-5 的基础上引入经济集聚的二次项 Sag,从而得到:

$$EE_{it} = \beta_0 + \beta_1 ag_{it} + \beta_2 Sag_{it} + \delta \sum X_{it} + u_i + \varepsilon_{it} \quad (6-6)$$

考虑到经济发展水平可能与能源效率之间存在着非线性关系,在控制变量中进一步加入经济发展水平的二次项 $Spgdp$,并考虑空间相关性引入空间权重项。其余设置与第五章的实证模型一致,最终得到经济集聚对能源效率的空间面板模型:

$$EE_{it} = \beta_0 + \rho_1 \sum\nolimits_{i=1}^{n} \omega_{ij} EE_{it} + \beta_1 ag_{it} + \beta_2 sag_{it} + \rho_2 \sum\nolimits_{i=1}^{n} \omega_{ij} ag_{jt} + \rho_3 \sum\nolimits_{i=1}^{n} \omega_{ij} sag_{jt} + \delta \sum X_{it} + \lambda \sum\nolimits_{i=1}^{n} \omega_{ij} X_{jt} + u_i + \varepsilon_{it}$$

$$(6-7)$$

二、变量说明与数据来源

本章选取了 2004—2017 年中国 30 个省级行政区(省、自治区、直辖市)的面板数据进行实证检验,台湾、香港、澳门和西藏的数据缺失严重未纳入实证分析。除能源效率数据为上一节测算所得,其余数据来源与第五章的数据保持一致,控制变量中对于非百分比数据都取自然对数以降低样本的离散程度。现对本章实证模型中各变量指标进行简要说明,报告于表 6-3。

表 6-3　　　　　　　经济集聚对能源效率影响的变量

变量类型	符号	含义	度量指标及说明	单位	预期符号
被解释变量	EE	能源效率	重点选择全要素能源效率做分析,并采用单要素能源效率作为稳健性检验	—	—
解释变量	ag	经济集聚一次项	非农产业的经济密度取自然对数	万元/平方公里	—

续表

变量类型	符号	含义	度量指标及说明	单位	预期符号
控制变量	Sag	经济集聚二次项	非农产业的经济密度取自然对数的平方	—	正
	$pgdp$	经济发展水平一次项	人均地区生产总值取自然对数(2000年不变价格)	万元/人	—
	$Spgdp$	经济发展水平二次项	人均地区生产总值并取自然对数的二次项(2000年不变价格)	—	正
	$regu$	环境规制	环境治理的投资额占地区生产总值的比重	百分比	不明
	$stru$	产业结构	工业增加值占地区生产总值的比重	百分比	负
	gov	政府干预	财政支出占地区生产总值的比重	百分比	负

注:笔者根据前文分析绘制。

被解释变量(EE):本章的被解释变量为能源效率,分为全要素能源效率和单要素能源效率,其具体的测算方法见本章第一节。

解释变量(ag):本章的解释变量为经济集聚程度。因考虑就业人口可能会高估劳动力密集产业的集聚程度,同时区位商无法体现地区自身纵向的变化,故本章经济集聚的代理变量选择非农产业的经济密度来度量。由于经济集聚与能源效率可能存在非线性的关系,在模型中加入了经济集聚程度指标的自然对数的平方项(Sag)。

控制变量:根据上述构建的实证模型,本章的控制变量分别为经济发展水平($pgdp$)、环境规制($regu$)、产业结构($stru$)和政府干预(gov)。

经济发展水平($pgdp$):采用人均地区生产总值(万元/人)的自然对数测量。经济发展水平可能通过两方面影响全要素能源效率。一方面经济发展水平可能直接影响能源效率。经济发展水平较低的阶段,能源消费总体可能较低,但此时经济产出也较少,因此能源效率可能也处于较低的水平;当经济发展水平较高的阶段,居民的节能意识、厂商的技术进步等都会带来能源效率的不断提高。另一方面经济发展水平可能通过实际能源价格来影响能源效率。随着经济发展水平的提高,实际能源价格也相应提高,根据理论模型实际能源价格对全要素能源效率的影响为正,所以经济发展水平的提高可能间接提高能源效率。

环境规制(regu):以地区环境治理投资额占该地区生产总值的比重来表示。根据"波特假说",适度的环境规制可能产生倒逼效应激发企业的技术进步和能源配置合理化,从而导致能源效率的提高。但过于严格的环境规制政策也可能使企业陷入单位生产成本过高无法再生产的困境,从而降低了能源效率。由于污染治理投资的滞后性,引入滞后一期的环境治理投资额占地区生产总值的比重实证分析对能源效率的影响。

产业结构(stru):用各省级行政区的工业增加值占地区生产总值的比重进行衡量。普遍而言,工业部门比农业部门和服务业部门对能源的需求量更大。因此工业尤其是重工业的能源效率相对于其他产业较低,因此产业结构中工业比重大将抑制能源效率提升。

政府干预(gov):用地方财政支出占当地地区生产总值的比重来表示。政府干预可以通过基础设施建设和产业指导等方式弥补市场的不足,以解决市场无效率和信息不对称的问题。在这种情况下,政府干预会提高经济效率以达到能源效率提升的目的。但政府干预过度或政府干预不当会使市场的竞争效率降低,引起资源错配等无效率生产问题。同时,考虑到中国省级行政区(省、自治区、直辖市)过去一段时期普遍存在的"GDP竞赛"以及官员晋升的"唯GDP论",也可能会出现忽视能源效率的问题。

第三节 经济集聚对能源效率影响的实证检验

为了较为全面、精确地验证经济集聚对能源效率的影响是否呈现出"先降低—后提高"的状态,且考虑到经济集聚和能源效率可能都具有空间效应,因此本章采用静态和动态空间面板模型检验,并在空间研究框架考虑空间二值邻近、地理距离和经济距离三种矩阵设定,对回归方程进行检验。为进一步分析结果的稳健性,选择单要素能源效率替换被解释变量进行稳健性检验。

一、描述性统计

各变量描述性统计和相关系数分别报告于表6-4和表6-5。从表6-5

表6-4　　　　　　　　各变量的描述性统计

	平均值	标准差	最大值	最小值	观测数
全要素能源效率	0.721	0.268	2.059	0.279	420
单要素能源效率	0.138	0.01	0.163	0.113	420
经济集聚	10.687	0.485	12.349	9.142	420
经济发展水平	9.911	0.888	11.468	6.23	420
环境规制	0.004	0.004	0.029	0.0004	420
产业结构	0.394	0.083	0.592	0.118	420
政府干预	0.214	0.094	0.627	0.079	420

表6-5　　　　　　　　各变量间的相关系数

	全要素能源效率	经济集聚	经济发展水平	环境规制	产业结构	政府干预
全要素能源效率	1					
经济集聚	0.337	1				
经济发展水平	0.415	0.599	1			
环境规制	−0.074	−0.477	−0.236	1		
产业结构	−0.281	−0.031	−0.028	−0.087	1	
政府干预	0.034	−0.199	0.019	0.274	−0.374	1

注：笔者根据excel数据分析结果绘制。

中可以看出各变量之间相关系数最大值为0.599，因此本章的回归分析可以忽略多重共线性的问题。

二、空间相关性检验

在对空间面板模型进行参数估计前，本节首先进行了空间相关性检验，报告于表6-6。结果显示各空间回归方程对应的Moran全局指数二值相邻矩阵条件下在1%的水平上显著，且LMerr统计量大部分是显著的，表明各方程的变量均存在明显的空间相关性，提示可以选择SEM模型。同时通过LR检验，用SEM模型和OLS模型对比，显示选择SEM模型更适合，所以本书的实证模型设定为空间计量模型是合适的。由于估计变量是一些特定的个体，根据巴尔

表 6-6 空间相关性检验结果

模型类型	静态空间面板模型			动态空间面板模型		
矩阵类型	二值相邻	地理距离	经济距离	二值相邻	地理距离	经济距离
GLOBAL Moran MI	0.123*** (7.534)	0.051 (1.458)	0.071 (0.891)	−0.05** (−2.939)	−0.042 (−1.09)	0.0364 (0.479)
LM Error (Burridge)	49.986***	1.827	0.707	7.607*	1.143	0.171
LM Error (Robust)	49.598***	1.799	0.849	7.78*	1.135	0.406
LM Lag (Anselin)	0.407	0.032	0.358	0.094	0.066	0.117
LM Lag (Robust)	0.019	0.005	0.499	0.267	0.057	0.352
LM SAC	50.005***	1.832	1.207	7.874**	1.2	0.523
LR(SEM vs OLS)	9.683**	3.953**	2.798*	/	/	/
Wald Test	230.85*** (7)	238.109*** (7)	238.868 (7)	472.053*** (9)	390*** (9)	429.077*** (9)
F-Test	32.979*** (7383)	34.016*** (7383)	34.124*** (7383)	52.45*** (9381)	51.556*** (9381)	47.675*** (9381)

注:笔者根据Stata软件计算结果整理。括号内表示z值。* 代表10%显著,** 代表5%显著,*** 代表1%显著。

塔吉(Baltagi, 2001)的判断,模型的截距项是根据地区和时期而变动的。静态空间模型和动态空间模型适合采用固定效应进行估计,同时,根据 LM 检验判定二值相邻矩阵条件下时间地区双固定效应静态空间面板模型选择 SEM 模型最为合适,动态空间面板模型选择滞后一期 SAR 模型。

三、结果分析

分别运用静态空间面板 SEM 模型和动态空间面板 SAR 模型,采用空间二值相邻矩阵测算了中国省级行政区的经济集聚和全要素能源效率的关系,同时计算了 OLS 结果作为稳定性对比参考,报告结果于表 6-7。经济集聚的二次项皆为正且在1%水平下显著。根据二次函数的性质,二次项系数为正则函数图形为开口向上,即 U 形曲线。

表6-7　经济集聚对全要素能源效率影响的空间面板分析

变量	OLS	SEM	SAR
全要素能源效率滞后项	/	/	0.511***
			(9.32)
空间自回归系数	/	/	11.567***
			(4.12)
经济集聚一次项	−3.866***	−2.989***	−2.896***
	(−4.1)	(−5.12)	(−8.48)
经济集聚二次项	0.168***	0.139***	0.136***
	(3.88)	(5.01)	(8.11)
经济发展水平一次项	0.536	−0.472***	0.192
	(1.05)	(−2.66)	(2.32)
经济发展水平二次项	−0.015	0.032***	−0.009
	(−0.59)	(3.27)	(−1.10)
环境规制	−0.707**	−1.16	−3.634***
	(−1.78)	(−0.33)	(−2.70)
产业结构	−1.244***	−0.732***	0.217**
	(−12.01)	(−5.30)	(2.28)
政府干预	−0.807***	−0.139	−0.377***
	(−6.01)	(−1.02)	(−3.79)
常数项	19.786***	28.192***	14.49***
	(4.5)	(8.03)	(8.46)
观测数	420	420	390
R-square	0.441	0.36	0.993
log-likelihood	/	61.801	516.344

注：笔者根据Stata软件计算结果整理。括号内以OLS模型估计时为t值,以其余模型估计时为z值。* 代表10%显著,** 代表5%显著,*** 代表1%显著。

因此,经济集聚对全要素能源效率,无论静态还是动态面板分析都呈现先抑制后促进的作用。与理论分析一致,经济集聚与能源效率之间呈现出"先降低—后提高"的非线性关系。经济集聚未形成阶段到经济初步集聚阶段,由于主要是专业化集聚所引致的规模效应起到主要作用,产业规模不断扩大对能源的需求也不断扩大,同时能源使用技术还不成熟等因素都会造成在经济集聚在完成集聚阶段之前企业没有充分的动力也没有能力和技术来彻底提高能源的使用效率。但随着经济集聚的不断深化发展,经济集聚开始从简单的企业扎堆到产业融合发展,专业化集聚和多样化集聚不断深化,即经济进入深度集聚阶段,经济集聚促进技术创新和扩散引起集聚区内企业不断更新生产技术提高能源使用效率,同时产业融合发展不断深化,特别是制造业发展不断从"微笑曲线"的底端向附加值高的两端衍生,经济集聚的产业产品结构效应体现,能源效率不断提高。同时人们的节能意识也不断增强,在经济集聚效应的政策环境放大作用下节能型企业得到广泛推广。经济集聚的系数一次项为负,二次项为正且都在1%水平显著,体现了很好的稳定性。

从空间效应看,全要素能源效率的滞后项和空间自回归系数皆在1%水平上显著为正。全要素能源效率在本地区具有正向延续作用,即通过集聚的技术推广、产业产品结构升级和政策环境的不断优化共同促进本地区的全要素能源效率逐年提升。但同时也说明全要素能源效率低的地区可能存在路径依赖,特别是资源型省份可能存在转型阻力较大的情况。全要素能源效率对自身具有空间溢出效应。在中国大多数邻近省份间的产业具有一定的同质性,竞争效应比较突出。邻近省份的产业提高了全要素能源效率之后对市场会产生较大的影响,这种竞争效应会致使本地省份的相似产业也改进提高能源使用效率。由于空间上邻近,这种集聚所产生知识溢出效应,包括邻近地区产业的能源技术、市场信息等都会较为顺利地传递。

经济发展水平,即人均GDP系数在静态空间面板模型中二次项为正且在1%水平上显著,说明环境库兹涅茨曲线在全要素能源效率中依然存在。随着人们生活水平的提高,节能意识也会加强,这也与关于节能的宣传和教育息息相关,随着时间的推移人们的节能素养不断提高。环境规制变量在静态和动态的分析中均显著为负,这在前一章的污染排放强度分析时也出现过。由于环境规制的变量使用了政府环境治理投资额占GDP的数据来代替,虽然使用了滞后一期的数据,但可能政府的环境治理投资并没有用到实际能造成企业能源效率提升的方面,甚至由于政府的干预造成了市场竞争的破坏,反而不利于企业能源效率的提升。政府干预变量显著为负也解释了这种情况,政府的过度干预会造成能源效率低下的企业不能顺利退出市场。河北省前几年大量小型钢铁企业亏损严重靠政府补贴维持正是这种情况。节能环保方面的补贴还存在管理和监督成本较高的问题。产业结构在静态分析时显著为负,因为工业在所有产业中能源消费最大往往能源使用效率也不高,工业占比较高时不利于能源效率的提高。集聚水平的不断提高、新型工业化的出现、工业和生产性服务业的深度融合、工业和人工智能的结合等,一方面会使得工业产值不断提高,另一方面单位产值的能源使用也会不断降低,所以在空间动态分析时,产业结构对能源效率的影响由正转负。这里考虑产业结构和能源效率之间的关系可能为非线性关系。

四、稳健性检验

选取单要素能源效率作为全要素能源效率的替代变量进一步检验经济集聚对能源效率实证结构的稳健性。单要素能源效率采用单位能源消费的非农经济产出取自然对数值作为代理变量。地理距离矩阵条件下空间相关性检验 Moran's I 指数 1% 显著,且 Hausman 检验和效应检验显示应选取地区时间双固定效应,Wald 和 LR 检验均 1% 显著表示 SDM 模型为最优。因此,地理距离矩阵条件下采用空间面板 SDM 模型进行静态和动态检验,动态选择滞后一期。

表 6-8　　经济集聚对单要素能源效率空间相关性检验结果

检验名称	结果
Moran's I	40 000***
LM Error	6.465**
LM Error(Robust)	6.555**
LM Lag	0.032
LM Lag (Robust)	0.121
效应检验	地区时间双固定
Hausman 检验	固定效应
Wald Test for SAR	22.79***
Wald Test for SEM	22.79***
LR SDM SAR	56.88***
LR SDM SEM	1 138.41***

表 6-9 结果显示,选取单要素能源效率作为被解释变量依然体现出结果的稳健性。核心变量的情况与全要素能源效率实证模型中一致,经济集聚的二次项无论在静态还是动态空间面板 SDM 模型中均在 1% 水平显著且为正,再次验证了经济集聚与能源效率之间具有先降低—后提高的 U 形曲线关系。

表 6-9 经济集聚对单要素能源效率的实证检验

模型类型	静态空间面板 SDM 模型	动态空间面板 SDM 模型
单要素能源效率滞后项	/	0.683*** (21.81)
经济集聚一次项	−0.044*** (−4.52)	−0.031*** (−4.04)
经济集聚二次项	0.003*** (5.73)	0.002*** (4.43)
经济发展水平一次项	0.01** (2.07)	0.004 (1.18)
经济发展水平二次项	−0.0002 (−0.95)	−0.00007 (−0.39)
环境规制	−0.003 (−0.99)	−0.0006 (−0.28)
产业结构	−0.007*** (−3.08)	0.0008 (0.46)
政府干预	−0.016*** (−4.54)	−0.008*** (−3.2)
常数项	−1.423*** (−2.68)	−1.472 (−1.21)
空间自回归系数	−0.037 (−0.42)	0.024 (0.3)
R-square	0.592	0.955
log-likelihood	2257.191	2216.862
观测数	420	390

注：笔者根据 Stata 软件计算结果整理。括号内为 z 值。* 代表10％显著，** 代表5％显著，*** 代表1％显著。

单要素能源效率滞后项依然为正且显著，再一次证明地区在能源效率方面具有路径依赖。空间自回归系数与全要素能源效率模型结果不同，说明单要素能源效率本身不具备空间溢出效应。环境规制、产业结构和政府干预的情况也与全要素能源效率模型中类似。

第四节 本章小结

本章在新古典经济全要素分析框架下重点验证了经济集聚对能源效率的

影响，提出理论假说 2：在其他条件不变的情况下，随着经济集聚程度的提高，能源效率会表现出"先下降－后上升"的 U 形变化趋势。依据能源效率的主流测算方法分别测算了单要素能源效率和全要素能源效率，分析了中国省级能源效率的特征，并根据经济集聚对能源效率的数理模型构建其实证计量模型，充分考虑空间效应构建适合的空间计量模型，重点分析经济集聚对全要素能源效率的影响，且采取单要素能源效率作为稳健性检验，主要结果如下：

第一，全要素能源效率在研究期内整体上呈现了波动上升的趋势但地区差异较大。经济较发达地区能源效率较高。东部地区的能源效率最高，中部和西部地区能源效率差异不大。对比长三角和京津冀区域的全要素能源效率，长三角地区更胜一筹。除了 2009 年和 2014 年两年的能源效率下降，其他所有年份大多数地区的能源效率都有不同程度的增长。对于 2009 年能源效率下降，可能的解释是与 2008 年金融危机后的宽松货币政策和国家基础建设大量投资相关。2014 年同样是基础建设有较大投入的一年，大量的基础建设的短时期同时开动，能源消费极其巨大，同时基础建设的经济效应具有长期性和滞后性，当年的效应并不明显，体现在能源效率增长率的下降。

第二，经济集聚与能源效率之间呈现出"先降低－后提高"的 U 形曲线关系。全要素能源效率和单要素能源效率的模型核心解释变量的显著性和符号皆相同，体现了良好的稳健性。随着经济的发展，经济集聚的不断深入，能源效率先下降后上升，充分验证了理论假说 2。在经济集聚未形成阶段到经济初步集聚阶段，经济集聚主要带来的规模效应使得产出不断增大的同时对能源的需求量也越来越大，且规模效应造成的经济增长速度不如能源消费的速度增长得快，即产出的增加需要更大量的能源消费。经济集聚的技术效应和产业产品结构效应更多地满足人们日益增长的商品需求，且政策环境效应进一步放大了产品使用的需求量，此时经济集聚对能源效率有抑制作用。随着经济集聚的不断深化发展，经济进入深度集聚阶段，成熟的专业化集聚和多样化集聚的不断融合使得经济集聚的技术效应、产业产品结构效应以及政策环境效应的正外部性持续加大，促使能源使用技术的不断提升，产业产品也不断向耐用低能耗的绿色方向转型，且服务经济和共享经济逐渐替代商品经济，经济集聚对能源效率从抑制转向促进。

第三，经济发展水平与全要素能源效率呈现出 U 形的环境库兹涅茨曲线形态。经济发展水平会改变人们的生活生产习惯，节能意识也会加强，人们会不断向着节能型社会的目标改进。在经济发展水平尚不发达状态下，人们首先需要摆脱贫困,一般不会为绿色节能产品付出额外成本。如节能电器往往比相同的非节能电器价格略高。但随着人们生活水平的不断提高,逐渐会用节能电器替换高能耗电器、LED节能灯替换钨丝灯泡等,这些行为会进一步加强政策环境效应倒逼企业节能改造和产业产品升级。环境规制和政府干预在能源效率模型中未起到促进作用,进一步说明能源效率的提高是一个复杂的系统工程,简单的行政手段很难取得立竿见影的效果。经济节能的转型不是个别产业的行为,需要全社会经济系统供给侧和需求侧的共同转型。产业结构系数在静态模型中为负、在动态模型中为正且显著,说明产业结构转型对能源效率的影响具有滞后性,同时也说明产业结构转型不能简单"一刀切",需要先立后破有序进行,使经济平稳转型才能取得更好的效果。

第四,全要素能源效率具有空间溢出效应和路径依赖。一方面,各地区的能源效率与自身的能源资源禀赋和政策环境息息相关,东部地区特别是长三角地区由于能源资源匮乏和绿色生态意识较强共同促进了能源效率的提高,节能的生产技术与节能的消费意识在区域内得到共识。另一方面,经济发展的路径依赖也造成资源型地区形成了完全依靠资源的高能耗产业体系,产业转型阻力较大。

第七章　不同经济集聚程度对绿色经济效率影响的实证分析

绿色经济效率是在新古典经济全要素生产率分析框架下,将能源消费纳入投入变量并把污染排放作为非期望产出的社会经济运行效率。在现有经济集聚对经济增长的研究基础上,重点研究能源消费和污染排放的负面效应与经济增长脱钩后经济集聚对低污染、高能效的绿色经济效率的影响,完善了经济集聚对绿色经济效率的影响研究。本章是在第六章的基础上进一步纳入了第五章分析的污染排放强度的负效应来分析经济集聚的影响。同时根据第三章构建的经济集聚对绿色经济效率影响三个阶段四种效应分析框架可知,在经济集聚的不同阶段经济集聚通过规模效应、技术效应、产业产品结构效应和政策环境效应对绿色经济效率产生影响,两者之间呈 U 形曲线关系。在经济集聚未形成阶段为低污染、低能效和低速经济增长,经济集聚表现为抑制绿色经济效率;在经济集聚初步形成阶段为高污染、低能效和高速经济增长,经济集聚同样表现为抑制绿色经济效率;在经济深度集聚阶段为低污染、高能效和高质量经济增长,经济集聚表现为提高绿色经济效率。本章通过 2004—2017 年中国 29 个省级行政区[①]面板数据来验证经济集聚对能源效率的影响。

本章结构安排如下:首先科学构建绿色经济效率评价指标,并初步分析了中国绿色经济效率在研究期内的变化情况;其次构建经济集聚对绿色经济效率影响的实证模型,并对变量的指标选取做出简要说明;再次基于中国省级行政区总体面板数据,考虑到空间相关性实证分析分别使用静态空间杜宾模型和动态空间杜宾模型验证经济集聚对绿色经济效率的影响,对结果进行整体

---

① 其中台湾、香港、澳门和西藏和前面章节一样因为数据不全剔除。因为海南经济类型和其他省份完全不同,测算结果无可比性,考虑到全局的数据稳定性在这章剔除海南的数据。

和空间效应分析并一定程度上对拐点信息进行分析;进一步对内生性问题通过设定工具变量采用系统 GMM 估计,以检验模型的稳定性;最后为本章小结。

第一节　绿色经济效率评价指标的构建

一、绿色经济效率的评价方法

要实证分析经济集聚对绿色经济效率的影响,首先需要对地区的绿色经济效率进行衡量。通过对现有绿色经济效率的衡量方法整理,可以发现主要的衡量方法包括经济－环境比值评价法、环境指标评价法、生态足迹法、物质流分析法、随机前沿分析、方向性距离函数以及数据包络分析(DEA)法。其中 DEA 方法是一种全要素分析框架下的非参数综合性效率测算方法。DEA 方法的优点在于在投入和产出变量的数据处理时不需要考虑计量单位统一和函数形似设定的问题。恰恰在构建绿色经济效率指标时不仅需要考虑用货币单位衡量的资本和经济产出,还需要衡量劳动力、能源消费和污染排放量等不同单位的变量。同时在全要素分析框架下,多投入变量之间的各种要素具有一定替代性,因此选用 DEA 方法成为测算绿色经济效率的普遍选择。DEA 方法的核心概念在于构造一个前沿面,这个前沿面是一个理想的投入量和产出量的关系,即在前沿面上能够实现使用最少的投入要素生产出最大的期望经济产出。处于前沿面上的投入和产出情况的效率被设定为 1,每个决策单元与前沿面的差距就形成了各自的效率值。但此时可能会出现多个决策单元的效率值均为 1 的情况,这造成了无法对这些决策单元的效率值进行比较的困惑。托恩(2002)改进了原有的 DEA 模型的设定,不仅允许投入和产出变量具有松弛性,同时可以对函数的方向做出选择,即保证投入变量不变的情况下的最大产出或是保证产出一定的情况下的最小投入又或是综合考虑投入和产出的无方向性设置。更为重要的是改善了原来最大效率值为 1 的假定,使得处于前沿面上的决策单元的效率值允许超过 1。这个改善极大丰富了 DEA 方法的应用领域,使得处于前沿面上的决策单元之间可以进行比较和排序。这种可以衡量和排序处于前沿面上的决策单元的模型称为 Super-SBM 模型。

综上所述，非径向Super-SBM模型结合了各种DEA模型的优点，适用性也更加广泛。由于本书的绿色经济效率指标主要作为被解释变量以构建经济集聚对绿色经济效率影响的计量经济模型。为了指标值的精确性，本书最终选择考虑松弛变量的非径向Super-SBM模型来测算2004—2017年中国省级行政区的绿色经济效率。以下是非径向Super-SBM模型的具体形式：

$$Min\delta = \frac{\frac{1}{m}\sum_{i=1}^{m}\bar{x}/x_{ik}}{\frac{1}{s}\sum_{r=1}^{s}\bar{y}_r/y_{rk}} \quad (7-1)$$

$$\sum_{j=1,j\neq k}^{n}x_{ij}\lambda j \leqslant \bar{x}; \sum_{j=1,j\neq k}^{n}x_{ij}\lambda j \geqslant \bar{y}$$

$$\sum_{j=1,j\neq k}^{n}x_{ij}\lambda j + s_i^- = x_{ik}, i=1,2,\cdots,m$$

$$\sum_{j=1,j\neq k}^{n}y_{rj}\lambda j - s_r^+ = y_{rk}, r=1,2,\cdots,s$$

$$\sum_{j=1,j\neq k}^{n}\lambda j = 1, \bar{x} \geqslant x_k, \bar{y} \leqslant y_k, j=1,2\cdots,n(j\neq k)$$

$$\bar{y}, \lambda, s_i^-, s_r^+ \geqslant 0$$

式7-1中，δ为决策单元的效率值，x、y分别表示投入变量和产出变量，m、s分别表示投入指标和产出指标的个数，$\bar{x}$、$\bar{y}$为决策变量的参考点，s_i^-、s_r^+分别表示投入和产出的松弛量，λ_j为权重向量。当$\delta \geqslant 1$，且s_i^-、s_r^+均等于0时，决策单元是相对有效的；当$\delta \geqslant 1$，但s_i^-、s_r^+不等于0，即存在投入或产出冗余时，决策单元是弱有效的；当$\delta < 1$时，决策单元是相对无效的，需要对投入或产出进行调整和改进。

二、绿色经济效率评价指标的选取

DEA评价方法的主要优点体现在多投入变量和多产出变量的综合评价问题。在构建DEA模型时首先需要考虑的是投入和产出变量的选取问题。在计算绿色经济效率时，投入变量考虑的是生产所需的生产要素，一般为资本、劳动力、能源等，而产出变量除了考虑期望产出，一般为地区生产总值，同时不可避免地要考虑到如二氧化硫、工业废水、烟(粉)尘和二氧化碳等污染物的排放,这些都是在生产过程可能伴随而来的非期望产出。在其他变量不变的情况下只有减少非期望产出,才能提高绿色经济效率。不难看出,效率的输出数值完全依赖于投入和产出变量的选择,不同的投入和产出变量的选择必然造成不同的效率值。因此,如何科学有效地分别选择投入变量和产出变量是构建合理的绿色经济效率指标的关键。在投入和产出变量的选择上不仅要考虑变量之间的关系,还需要考虑到数据的可得性等实际问题。本章通过对构建绿色经济效率指标的文献进行梳理,发现现有的绿色经济效率指标主要从资源消耗、污染排放和经济产出三个方面选择投入与产出变量以及具体的指标,详细见表7-1。

表7-1 绿色经济效率指标梳理

作者 (年份)	资源消耗变量	污染排放变量 (非期望产出)	经济产出变量 (期望产出)
陈诗一 (2012)	能源消费、电力消费、工业污染治理投资、环境污染治理投资、劳动、资本存量	二氧化碳排放、废水排放、废气排放、二氧化硫排放、化学需氧量	地区生产总值
初善冰、黄安平 (2012)	工业用水总量、能源消费量	工业废水排放量、工业二氧化碳排放量、工业烟尘排放量、工业粉尘排放量、工业固体废弃物排放量	工业增加值
刘丙泉、吕高羊 (2014)	土地消耗、水资源消耗、能源消费	固废污染、废气污染(SO_2,烟尘)、废水污染(废水排放量,COD)	地区生产总值
李胜兰、初善冰、申晨 (2014)	工业用水总量、能源消费量	工业废水排放量、工业二氧化碳排放量、工业烟(粉)尘排放量	工业增加值
李佳佳、罗能生 (2016)	全社会用电量、用水总量、建成区面积	工业废水排放量、工业二氧化碳排放量、工业烟(粉)尘排放量	地区生产总值
成金华、孙琼,等 (2014)	能源消费、土地消耗、水资源消耗、人力消耗	废水排放、废气排放、固废排放	地区生产总值

续表

作者 (年份)	资源消耗变量	污染排放变量 (非期望产出)	经济产出变量 (期望产出)
陈浩、陈平、罗艳 (2015)	水资源、电力消耗、人力消耗	废水排放、废气排放、固废排放	地区生产总值
陈黎明、王斌、王文平 (2015)	资本、人力资源、水资源、电力资源、土地资源	工业废水排放量、工业 SO_2 排放量、工业烟(粉)尘排放量	地区生产总值 工业生产总值
李在军、姚云霞等 (2016)	能源消费量、电力消耗量、水消耗量、就业总人数、固定资产投资	工业污水排放量、工业二氧化硫排放量、固体废弃物排放量	地区生产总值
黄建欢、许和连 (2016)	资本、劳动、能源、土地	环境污染指数(化学需氧物排放量、废水排放量、废气排放量、二氧化硫排放量、粉尘排放量、固体废弃物排放量、烟尘排放量)	地区生产总值
任海军、姚银环 (2016)	劳动、土地、能源、资本、水资源	工业废水、工业废气、工业烟尘、工业固体废物、二氧化硫排放量	地区生产总值
林伯强、谭睿鹏 (2019)	资本、劳动、能源消费总量	工业废水、工业二氧化硫、工业烟(粉)尘	地区生产总值

注:笔者在方永丽(2018)的研究基础上结合最新文献整理所得。

关于经济产出,大部分学者的意见较为统一,即选取能够反映经济增长的变量,一般即为地区生产总值。也有一部分学者由于关注的是特定的产业,如工业,则选取工业增加值。经济产出指标在这里代表着期望产出,是人们提高生活水平,满足人们需求的经济价值的体现。由于本书关注的经济集聚是地区非农产出,所以本书选择地区非农生产总值作为经济产出变量。

资源消耗变量的可选择种类较为丰富。现有的文献大致可以分为两大类,第一类关注自然资源的消耗,主要包括:土地资源的投入、水资源的消耗、电力资源的消耗和能源的消耗等。由于能源统计口径的不一致性,对能源消费的统计指标方面差异性较大。本书研究的是某一个地区的能源消费总量,包括煤炭、石油、天然气等多种能源种类,所以本书选择能源消费总量作为能

第七章 不同经济集聚程度对绿色经济效率影响的实证分析

源的投入变量。第二大类根据生产函数的设定考虑劳动力和资本作为投入变量。在劳动力投入的衡量上由于劳动时间的准确数据较难获得，往往采用年末就业人员数作为代理指标。资本投入主要是指物质资本要素的投入量，衡量资本要素投入最常用的方法是采取固定资本存量指标。

绿色经济效率是在新古典经济全要素生产率分析框架下，将能源消费纳入投入变量，并把污染排放作为非期望产出的社会经济运行效率。在现有经济集聚对经济增长的研究基础上，本书重点研究经济集聚在产出端对污染排放强度和在投入端对能源效率的影响，并综合分析其对低污染、高能效的绿色经济效率的作用。本章在第六章能源效率的基础上进一步剔除污染排放的负面效应，因此延续第六章选取能源效率指标时的做法也即大多数文献普遍共性做法，投入指标考虑资本、劳动力和能源消费。产出指标中期望产出为地区非农GDP，非期望产出采用与第五章一样的二氧化硫、工业废水、烟（粉尘）排放量和二氧化碳排放量等污染排放指标。

根据本书的研究目的，再加上已有文献对绿色经济效率指标的研究，并考虑到章节和数据的连贯性、可比性和可得性等方面，本书设计了绿色经济效率指标体系，见表7-2。

表7-2　　　　　　　　　　绿色经济效率指标体系

	类别	指标	变量
投入指标	资源消耗	能源消费	能源消费总量
		资本投入	固定资本存量
		劳动投入	非农年末就业总人数
	期望产出	经济增长总量	地区实际非农GDP
产出指标	非期望产出	有毒气体	二氧化硫排放总量
		废水污染	工业废水排放总量
		大气污染	烟（粉）尘排放总量
		温室气体	二氧化碳排放总量

注：笔者根据前文分析绘制。

为了使用非径向方向距离函数，本书构造的环境技术与法尔和格罗斯科夫（Fare & Grosskopf, 2004）等保持一致。然后将每个省份作为一个决定单元，参照林伯强（2019）的做法，在非径向方向距离函数中对资本（K）和劳动（L）投入的权重都设置为0，因为需要将这两者的无效率分解出来；能源投入

(E)、GDP、二氧化硫($P1$)、工业废水($P2$)、烟(粉)尘($P3$)和二氧化碳排放量($P4$)的权重分别被设置为$1/3$、$1/3$、$1/12$、$1/12$、$1/12$和$1/12$。这六者可以增加或减少的比例通过Super-SBM模型使用MaxDEA软件进行测算,最终构建第i个省级行政区在第t期的绿色经济效率作为本章的被解释变量:

$$GEEP_{it} = \frac{1}{2}\left(\frac{(E_{it}-\beta_{E_{it}}E_{it})/(G_{it}+\beta_{G_{it}}G_{it})}{E_{it}/G_{it}}\right) + \frac{1}{2}\left(\frac{1}{4}\sum_{U=P1,P2,P3,P4}\frac{(U_{it}-\beta_{U_{it}}U_{it})}{(G_{it}+\beta_{G_{it}}G_{it})}\right) \quad (7-2)$$

在式7-2中,β_E^*、β_G^*、β_U^*为Super-SBM模型的最优解。计算该指标用到的数据有资本、劳动、能源、GDP、工业废水、工业二氧化硫、烟(粉)尘和二氧化碳排放量。其中用二氧化硫、工业废水、烟(粉)尘和二氧化碳排放量体现经济生产活动对自然生态环境所招致的污染损害,具体选用和前文一致的污染排放数据,其他经济非农产出、资本投入、劳动力投入和能源投入数据均沿用前文的数据,此处不再复述。

三、绿色经济效率的测算结果分析

表7-3 全国及分地区绿色经济效率

年份	全国均值	东部地区	中部地区	西部地区	京津冀	长三角
2004	0.536	0.797	0.386	0.409	0.803	0.726
2005	0.552	0.830	0.435	0.383	0.805	0.746
2006	0.548	0.841	0.430	0.367	0.845	0.750
2007	0.530	0.780	0.421	0.382	0.839	0.749
2008	0.523	0.778	0.345	0.422	0.847	0.747
2009	0.496	0.771	0.344	0.356	0.834	0.744
2010	0.515	0.751	0.347	0.423	0.814	0.696
2011	0.516	0.759	0.342	0.422	0.845	0.703

续表

年份	全国均值	东部地区	中部地区	西部地区	京津冀	长三角
2012	0.526	0.786	0.341	0.424	0.958	0.700
2013	0.549	0.828	0.358	0.433	0.947	0.774
2014	0.549	0.834	0.359	0.428	0.976	0.766
2015	0.558	0.857	0.361	0.430	1.049	0.767
2016	0.572	0.885	0.373	0.432	1.162	0.765
2017	0.562	0.898	0.389	0.382	1.146	0.812

注：笔者根据 MaxDEA 测算结果绘制。

从全国整体绿色经济效率来看，绿色经济效率呈现波动增长趋势。东部地区呈现出先增长后下降再增长的态势，中部和西部地区则表现出一定程度的曲折下降。京津冀地区的增长特别在提出京津冀协同发展战略后有了较大的提高。长三角地区表现出较为稳定的曲折上升趋势。

从各个省份的情况看，差异非常巨大。北京、上海和广东的绿色经济效率常年来比较稳定，稳中有升。黑龙江、山东和宁夏都在个别年份出现较大波动，这可能与产业的调整有关。比较有意思的是青海，绿色经济效率保持在一个比较高的水平，这可能是因为青海的经济处于发展较为初级阶段，污染规模效应还没有显现。

第二节 经济集聚对绿色经济效率影响实证模型构建

一、实证模型构建

根据第三章的经济集聚对绿色经济效率的理论模型式 3-16：

$$\Omega_i = \Lambda_r^{-\frac{1}{\omega}} \left(\frac{L_i}{A_i}\right)^{-\frac{\theta}{\omega}} \left(\frac{Q_i}{L_i}\right)^{\frac{1}{\omega}} \quad (3-16)$$

Ω_i 为 i 地区的绿色经济效率，$\frac{L_i}{A_i}$ 为经济集聚程度，$\frac{Q_i}{L_i}$ 为劳动生产率，在理论模型中的经济集聚程度表现为单位土地面积上的劳动力投入，即就业密度。使用就业密度来代表经济集聚程度容易高估劳动力密集产业的集聚程度。为了充分考虑省级经济集聚的特性,本章的实证模型将采用单位土地面积上的经济产出,即用产出密度来表示经济集聚程度。式3-16表明在其他条件不变的情况下,经济集聚程度和劳动生产率共同决定了绿色经济效率。

结合第三章经济集聚对绿色经济效率的影响机制推测,经济集聚对绿色经济效率的影响很可能是非线性的,对式3-16两边求对数处理,加入经济集聚度的二次项,并加入其他控制变量的集合X。结合第三章的理论分析,本章把以下4个变量作为影响绿色经济效率的其他重要因素:经济发展水平($pgdp$),环境规制强度($regu$),产业结构($stru$)和政府干预(gov)。u表示地区固定效应,ε表示随机扰动项:

$$\ln \Omega_i = \alpha + \beta_1 \ln\left(\frac{Q_i}{A_i}\right) + \beta_2 \left[\ln\left(\frac{Q_i}{A_i}\right)\right]^2 + \beta_3 \ln\left(\frac{Q_i}{L_i}\right) + \beta_4 X_i + u_i + \varepsilon_i$$

(7-3)

由于经济集聚对绿色经济效率可能存在空间溢出效应和时间滞后效应,考虑选择空间计量模型的设定,并在动态空间面板模型中加入绿色经济效率的滞后项和空间滞后项。为了分析的便捷性和全文的一致性,本章继续定义ag_{it}为经济集聚程度的自然对数值,即经济产出密度的自然对数值,经济集聚程度自然对数值的二次项为sag_{it},用$GEEP_{it}$来表示i地区在t年份的绿色经济效率,数值由前一小节测算所得。因此本章用来估计经济集聚对绿色经济效率的空间计量模型如下:

$$\begin{aligned}GEEP_{it} = &\beta_0 + \rho_1 \sum_{i=1}^{n} \omega_{ij} GEEP_{it} + \beta_1 ag_{it} + \beta_2 sag_{it} + \beta_3 lp_{it} + \\&\rho_2 \sum_{i=1}^{n} \omega_{ij} ag_{jt} + \rho_3 \sum_{i=1}^{n} \omega_{ij} sag_{jt} + \rho_4 \sum_{i=1}^{n} \omega_{ij} lp_{jt} + \\&\delta \sum X_{it} + \lambda \sum_{i=1}^{n} \omega_{ij} X_{jt} + u_i + \varepsilon_{it}\end{aligned}$$

(7-4)

二、变量说明与数据来源

经济集聚选取非农产业产值的经济密度作为代理变量。绿色经济效率为上一节测算结果。劳动生产率(lp)数据与第五章的数据保持一致,其他控制变量为经济发展水平($pgdp$)和其二次项($Spgdp$)、环境规制($regu$)、产业结构（stru）和政府干预（gov），数据来源与第五章和六章的变量数据保持一致。对于控制变量中的非百分比指标数据皆取自然对数以降低样本的离散程度。现就相关变量做进一步说明。

表7-4　　　　　经济集聚对绿色经济效率计量模型变量

变量类型	符号	含义	度量指标及说明	单位	预期符号
被解释变量	$GEEP$	绿色经济效率	第七章构建指标	/	/
解释变量	ag	经济集聚一次项	经济产出密度取自然对数	万元/平方千米	/
	Sag	经济集聚二次项	经济产出密度取自然对数的平方	/	正
控制变量	lp	劳动生产率	劳均非农产出取自然对数	亿元/万人	正
	$pgdp$	经济发展水平一次项	人均地区生产总值并取自然对数（2000年不变价格）	万元/人	/
	$Spgdp$	经济发展水平二次项	人均地区生产总值并取自然对数的二次项（2000年不变价格）	/	正
	$regu$	环境规制	环境治理的投资额占地区生产总值的比重	百分比	未知
	$stru$	产业结构	工业增加值占地区生产总值的比重	百分比	负
	gov	政府干预	财政支出占地区生产总值的比重	百分比	负

注：笔者根据前文分析整理绘制。

劳动生产率（lp）：采用地区非农产出与非农年末就业人口的比值取自然对数来表示，普遍认为劳动生产率的提高会带来经济效率的提高，同时会节约资源的消耗和能源消费，对绿色经济效应具有促进作用。同时在理论数理模型中劳动生产率的一阶导数为正，也证明对绿色经济效率具有正向影响作用。

经济发展水平（$pgdp$）：采用人均地区生产总值（万元/人）的自然对数作为经济发展水平的代理指标。经济发展水平可能与绿色经济效率之间存在着非线性的关系。因此本章延续第六章的做法将经济发展水平二次项($Spgdp$)引入模型。

环境规制($regu$)：参考大多数文献并延续前两章的做法，以地区环境治理投资额占该地区生产总值的比重来表示。根据"波特假说"，适度的环境规制可能产生倒逼效应激发企业的技术进步和资源配置效率提升，从而导致生产率的提高。因此，适度的环境规制可能使企业降低污染排放和提高能源效率来提升绿色经济效率，但过于严格的环境规制政策也可能致使企业陷入单位生产成本过高无法再生产的困境，从而降低了绿色经济效率。由于污染治理投资的滞后性引入滞后一期的环境治理投资额占地区生产总值的比重实证分析对绿色经济效率的影响。

产业结构（$stru$）：采用地区工业增加值占该地区生产总值比重来衡量。工业生产部门产生的污染和能源消费要显著大于服务业部门和农业部门，同时工业部门的产值不一定大于服务业部门。因此产业结构中工业的占比越大，越不利于非期望产出污染排放强度和能源消费的降低。因此，本章继续延续前两章的做法采用工业增加值占地区生产总值的比重来表示产业结构对绿色经济效率的影响，并预期其系数符号为负。

政府干预（gov）：采用地方财政支出占当地地区生产总值的比重来表示。政府干预可以通过基础设施建设等方式弥补市场的不足，以解决市场无效率和信息不对称的问题。在这种情况下，政府干预会提高经济效率以达到绿色经济效率提升的目的。但政府干预过度或政府干预不当会破坏市场的竞争效率，引起资源错配等无效率生产问题。同时考虑到中国省级行政区过去一段时期普遍存在的"GDP 竞赛"以及官员晋升的"唯 GDP 论"，可能会出现忽视环境保护和生态文明建设这些非短期显现的行为，这样也会造成绿色经济效率的下降。在本章中用地方财政支出占该地区生产总值的比例来衡量政府干预程度。

第三节　经济集聚对绿色经济效率影响的实证检验

一、描述性统计与平稳性检验

各变量描述性统计和相关系数分别报告于表 7-5 和表 7-6。从表 7-6

表7-5　　　　　　　　　　各变量的描述性统计

	观测数	平均值	标准差	最大值	最小值
绿色经济效率	406	0.538	0.367	2.487	0.143
经济集聚	406	10.689	0.491	12.349	9.142
劳动生产率	406	1.769	0.481	3.980	0.644
经济发展水平	406	9.915	0.900	11.468	6.230
环境规制	406	0.004	0.004	0.029	0.000
产业结构	406	0.401	0.074	0.592	0.153
政府干预	406	0.212	0.095	0.627	0.079

表7-6　　　　　　　　　　各变量间的相关系数

	绿色经济效率	经济集聚	劳动生产率	经济发展水平	环境规制	产业结构	政府干预
绿色经济效率	1.000						
经济集聚	0.407	1.000					
劳动生产率	0.347	0.754	1.000				
经济发展水平	0.488	0.597	0.593	1.000			
环境规制	−0.190	−0.488	−0.207	−0.243	1.000		
产业结构	−0.247	−0.042	−0.076	−0.042	−0.090	1.000	
政府干预	−0.060	−0.209	0.027	0.013	0.274	−0.369	1.000

注：笔者根据 excel 数据分析结果绘制。

中可以看出各变量之间相关系数最大值为0.754，因此后文的回归分析可以忽略多重共线性的问题。

面板数据模型在回归分析前需要考虑检验数据的平稳性，以规避伪回归和虚假回归的现象出现。因此，本小节分别采取 Levin-Lin-Chu t 统计量、lm-Pesaran-Shin w 统计量、ADF-Fisher Chi-square 统计量和 PP-Fisher Chi-square 统计量，以检验所有变量是否存在单位根。

从表7-7中可以看出，除了产业结构（stru）的 Pesaran 和 ADF 检验未能拒绝原假设，其余所有变量的四种统计量均拒绝原假设，即不存在单位根过程。其中产业结构（stru）的 LLC 和 PP 检验都是拒绝原假设，即不存在单位

表7-7　经济集聚对绿色经济效率计量模型单位根检验结果

	Levin-Lin-Chu t		Im-Pesaran-Shin w		ADF-Fisher Chi-square		PP-Fisher Chi-square	
	Statistic	Prob	Statistic	Prob	Statistic	Prob	Statistic	Prob
绿色经济效率	−78.552	0.000	−26.335	0.000	115.993	0.000	129.135	0.000
经济集聚	−6.771	0.000	−1.509	0.066	84.434	0.013	138.347	0.000
劳动生产率	−12.717	0.000	−2.827	0.002	119.035	0.000	163.094	0.000
经济发展水平	−28.596	0.000	−14.170	0.000	237.995	0.000	340.084	0.000
环境规制	−5.825	0.000	−2.117	0.017	87.072	0.008	70.868	0.120
产业结构	−2.412	0.008	2.514	0.994	56.252	0.541	86.488	0.009
政府干预	−6.994	0.000	−2.193	0.014	100.097	0.001	119.505	0.000

注：笔者根据Stata计算结果整理。

根。因此可以得出所有变量都是原序列平稳的，不存在伪回归或虚假回归的情况。

二、空间相关性检验

针对模型的稳定性，本章空间计量模型将分别采用相邻二值矩阵、地理距离矩阵（省会城市的地理坐标距离）和经济距离矩阵（各省间2003—2017的人均GDP差距）三个空间矩阵来进行估计。在对空间面板模型进行参数估计前，本节首先对变量的空间相关性进行检验。表7-8结果显示回归方程对应的Moran全局指数除地理距离矩阵以外均在5%的水平上显著，且LM、LR统计量大部分是显著的，从而表明模型的解释变量和被解释变量均存在明显的空间相关性，所以采用空间面板模型来考察本书所研究的问题是必要的。

表7-8 空间相关性检验结果

矩阵类型	二值相邻矩阵	地理距离矩阵	经济距离矩阵
GLOBAL Moran MI	0.0692**(2.205)	−0.0055(−0.07)	0.0980**(2.548)
LM Error(Burridge)	4.2505**	0.0154	5.7946**
LM Error(Robust)	4.6597**	0.0235	5.9648**
LM Lag (Anselin)	0.5648	0.1049	0.0261
LM Lag(Robust)	0.9740	0.1130	0.1963
LM SAC (LMErr+LMLag_R)	5.2245*	0.1284	5.9909**
LM SAC (LMLag+LMErr_R)	5.2245*	0.1284	5.9909**
LR(SEM vs OLS)	22.7960***	20.8732***	1.8072
Wald Test	105.6481***	373.1200***	371.2747***
F-Test	13.2060***	46.6400***	46.4093***

注：笔者根据Stata软件计算结果整理。*代表10%显著，**代表5%显著，***代表1%显著。

但地理距离矩阵条件下空间效应不显著，说明分析中各省份间的地理差距和绿色经济效率没有显著的空间关系。由于估计变量是一些特定的个体，根据巴勒塔吉(Baltagi, 2001)的判断，模型的截距项是根据地区和时期而变动的静态空间模型和动态空间模型适合采用时间和地区双固定效应进行估计。同时根据LM检验显示面板计量模型中包含空间效应，可直接使用更具一般意义的SDM模型进行空间计量估计。本章接下来将重点采用静态空间面板SDM模型和动态空间面板SDM模型进行估计。

三、结果分析

利用经济集聚和绿色经济效率的观测值初步拟合出图7-1,可以直观看出经济集聚变量和绿色经济效率变量呈现出明显的U形曲线形态。静态和动态的空间SDM模型检验结果报告于表7-9。

图 7-1　变量散点图

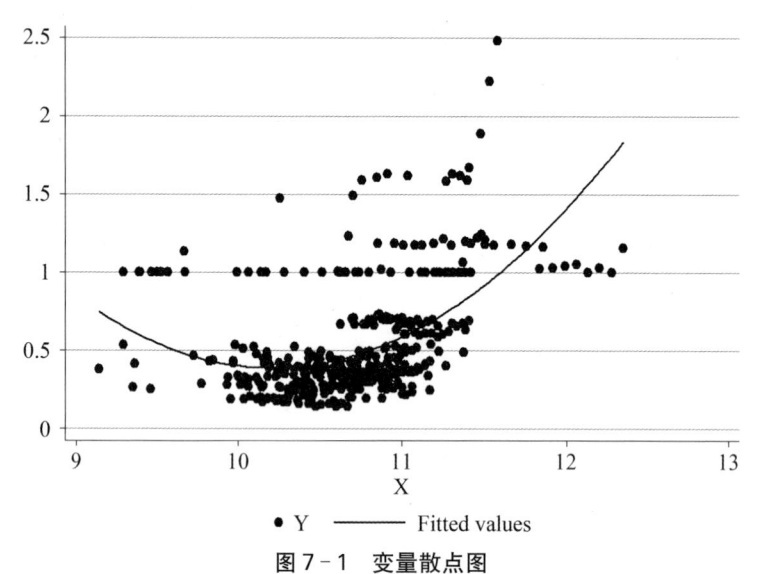

注：笔者运用 Stata 软件作图。横轴为经济集聚，纵轴为绿色经济效率。

表 7-9　　　　经济集聚对绿色经济效率的空间计量结果

变量	静态空间面板 SDM 模型		动态空间面板 SDM 模型	
	二值相邻矩阵	经济距离矩阵	二值相邻矩阵	经济距离矩阵
绿色经济效率滞后项	/	/	0.924***	0.929***
			(42.09)	(43.11)
经济集聚一次项	−2.087***	−0.741	−1.103***	−1.041***
	(−2.61)	(−0.94)	(−2.95)	(−3.24)
经济集聚二次项	0.093**	0.03	0.049***	0.047***
	(2.51)	(0.83)	(2.82)	(3.09)
劳动生产率	0.146**	0.152***	0.037	0.01
	(2.54)	(2.63)	(1.46)	(0.38)
经济发展水平一次项	−0.141	−0.036	−0.122	−0.91
	(−0.65)	(−0.15)	(−1.01)	(−0.78)
经济发展水平二次项	0.008	0.002	0.008	0.006
	(0.78)	(0.21)	(1.18)	(0.86)
环境规制	−6.475***	−6.474***	−6.815***	−6.426***
	(−2.65)	(−2.64)	(−3.65)	(−3.52)
产业结构	0.377**	0.44**	−0.136	−0.161*
	(2.18)	(2.44)	(−1.52)	(−1.73)
政府干预	0.334	0.425***	−0.047	−0.008
	(1.17)	(1.75)	(−0.44)	(−0.09)

续表

变量	静态空间面板 SDM 模型		动态空间面板 SDM 模型	
	二值相邻矩阵	经济距离矩阵	二值相邻矩阵	经济距离矩阵
常数项	17.088**	37.296***	7.902	6.71
	(1.97)	(3.21)	(1.47)	(1.01)
经济集聚一次项空间系数	−1.905	−6.904***	−0.221	−0.198
	(−1.05)	(−2.78)	(−0.21)	(−0.15)
经济集聚二次项空间系数	0.09	0.328***	0.008	0.011
	(1.06)	(2.86)	(0.17)	(0.17)
劳动生产率空间系数	0.149	−0.105***	−0.056	−0.031
	(1.15)	(−0.62)	(−1.27)	(−0.44)
经济发展水平一次项空间系数	1.359***	0.765	0.025	0.082
	(3.14)	(1.42)	(0.11)	(0.31)
经济发展水平二次项空间系数	−0.081***	−0.039	0.00004	−0.005
	(−3.73)	(−1.54)	(0.03)	(−0.29)
环境规制空间系数	2.528	15.418***	0.783	−3.071
	(0.54)	(2.88)	(0.19)	(−0.70)
产业结构空间系数	−1.063***	−0.129	−0.012	0.172
	(−4.53)	(−0.44)	(−0.09)	(0.89)
政府干预空间系数	−0.123	−0.331	−0.074	−0.052
	(−0.30)	(−0.65)	(−0.50)	(−0.31)
R-sq	0.033	0.046	0.933	0.933
Log-likelihood	266.228	257.789	349.694	348.629
观测数	406	406	377	377

注：笔者根据 Stata 软件计算结果整理。括号内数值为 z 值。* 代表 10% 显著，** 代表 5% 显著，*** 代表 1% 显著。

无论是静态空间面板 SDM 模型还是动态空间面板 SDM 模型，经济集聚的二次项系数皆为正，且在动态空间面板 SDM 模型中都在 1% 水平显著，在静态空间面板 SDM 模型二值相邻矩阵条件下在 5% 水平显著，体现出良好的模型稳定性。根据二次项函数性质，二次项系数为正则为开口朝上的曲线形态，与散点拟合图类似，验证了理论假说 3，即在其他条件不变的情况下，经济集聚与绿色经济效率之间呈现出"先降低—后提高"的非线性 U 形关系。

经济集聚未形成阶段为低污染、低能效和低速经济增长，经济集聚表现为抑制绿色经济效率；在经济集聚初步形成阶段为高污染、低能效和高速经济增长，经济集聚同样表现为抑制绿色经济效率；在经济深度集聚阶段为低污染、高能效和高质量经济增长,经济集聚表现为提高绿色经济效率。经济集聚未形成阶段到经济集聚初步形成阶段,经济集聚的加大对绿色经济效率起到抑制的作用。根据第三章的经济集聚对绿色经济效率影响三个阶段四种效应分析框架,这主要是由于经济集聚的前两个阶段,集聚以简单的企业集聚为主和专业化集聚初步的形成,规模效应的不断加大虽然会带来产出的提升,但同时引起能源消费的急剧上升和污染排放的增大。

在经济集聚的前两个阶段,因为能源消费量不断加大以及污染排放强度的先下降后上升,经济期望产出的增长速度不及能源消费和污染排放强度的增长速度,特别是到了污染排放强度的第二个阶段,污染排放将和能源消费的增加一起对绿色经济效率产生强抑制效应。当经济进入深化集聚阶段,随着经济专业化集聚的成熟和多样化集聚的不断深化,生产规模达到最优状态,技术不断改良升级和革新,产业产品不断融合升级,政策环境进入良性循环。此时经济期望产出依然能保持一定的增长速度,能源效率提升的同时污染排放强度下降,经济从粗放型高速增长转换为高质量增长,绿色经济效率开始随着经济集聚的加大而不断提升。这个阶段可能有几个现象复合产生效应,第一是能源效率的提升,第二是污染排放强度的下降,第三是随着经济转型的完成,经济增长又将进入一个新的快速增长阶段,经济完成从高速发展向高质量发展转变。

表7-9中比较R-sq和Log-likelihood值得到动态空间面板SDM模型的值大于静态空间面板SDM模型的值。动态空间面板SDM模型相比静态空间面板SDM模型拟合度和可信度更高,具有更强的解释力。所以本章后续分析主要关注动态空间SDM模型的估计结果。

根据二次函数性质,解释变量的最小值为一次项系数除以两倍二次项系数的负数,得到经济集聚程度的拐点大致在72 193.53万元/平方千米。通过对比第四章测算的各地区经济集聚程度可以看出,在研究期内处于拐点右侧的只有北京、上海、广东、江苏、浙江、福建、湖北和重庆8个省(直辖市),上海在整个研究期的经济集聚程度都处于拐点右侧,即绿色经济效率随经济集聚程度增加而增大。北京和广东都差不多在2010年时到达经济集聚程度的拐点。江苏、浙江、福建、湖北和重庆分别在2012年、2013年、2014年、2017年和2016年到达拐点。大部分中部和西部地区的省市集聚程度远远落后于拐点的数值,都处于U形曲线的左端,即使是江苏、浙江、福建、湖北和重庆也仅仅是刚刚过拐点阶段。从全国整体来看,中国的经济集聚程度还远远达不到引起绿色经济效率由降低转为升高的阶段。

绿色经济效率的时间滞后项系数为正且在1%水平上显著,说明绿色经济效率具有较强的延续性,前一期的绿色经济效率对本期的绿色经济效率产生正面影响。这是由于很多绿色产业的建设需要一定的时间,同时规模效应、技术效应、产业产品结构和政策环境都具有一定的延续性,综合起来前一期的效应会对本期效应起到加强的作用。

劳动生产率水平的系数在所有模型中皆为正,且在静态分析中至少在5%水平上显著,验证了理论模型中劳动生产率水平对绿色经济效率具有正向影响作用。

经济发展水平在所有模型中二次项系数皆为正,表示随着经济发展水平不断提高,经济发展水平与绿色经济效率之间也呈现出"先降低—后提高"关系,从一定程度上证明了环境库兹涅茨曲线在中国的存在性。

环境规制的变量依然对绿色经济效率影响为负,和能源效率的分析一致,结合考虑政府干预对绿色经济效率同样在大多数模型中为负,可能的原因是地方政府的环境治理费用使用效率不高,甚至错误配置了一定的环境治理资金造成经济增长减缓。一方面环境治理和环保政策取得了一定的污染排放强度的降低,如第五章在动态分析时,环境规制对污染排放起到了抑制的作用。另一方面,可能中国政策一刀切的现象比较严重,部分企业生产停滞也带来了期望产出的减少,期望产出减少的速度大于污染排放强度减少的速度,所以环境规制对绿色经济效率整体起到了抑制作用。

产业结构在动态型中依然表现出对绿色经济效率的影响为负。根据前文的分析,工业依然是污染排放的"第一大户",同时是能源消费的"第一大户",所以工业占比的提高也会带来绿色经济效率的降低。但在静态分析中,产业结构则表现出对绿色经济效率的影响显著为正,可能的解释是工业产业的经济增长短期贡献较大,所以在不考虑动态因素的情况下,当期工业对当期的经济增长具有很大的正向影响作用。但考虑动态因素后,污染排放、能源使用强度等因素在长期对绿色经济效率起到了抑制作用。

政府干预同样在静态分析框架下在1%水平显著为正,但在动态分析框架下为负。与产业结构的分析类似,在短期内政府投资会对经济增长起到立竿见影的正向效果,以此提高了绿色经济效率。但进入动态分析框架后,政府投资反而可能会产生挤出效应,在长期对绿色经济效率起到抑制作用。

控制变量的空间项在各个模型中也具有较好的稳定性。劳动生产率的空间项系数为负,说明本地的高劳动生产率可能是因为吸引了周边地区的高技能人才而造成周边地区的人才匮乏。产业结构和政府干预的空间项依然大多数为负,说明邻近地区的产业具有一定的同质性且政府投资具有一定的示范性,引起各邻近省份的底部竞争,从而对绿色经济效率起到了抑制作用。

四、对内生性问题的进一步处理

动态空间 SDM 模型可用来解决自变量的空间滞后项、时间滞后项、时空滞后项以及由于遗漏变量所导致的内生性问题。但是动态空间 SDM 模型无法解决解释变量与被解释变量互相影响而产生的联立内生性问题。现实中,经济集聚对绿色经济效率产生影响,同时绿色经济效率也可能反过来对经济集聚产生影响,形成循环往复的情况。考虑到经济集聚和绿色经济效率可能产生的联立内生性问题,本小节根据韩峰和阳立高(2020)的做法,通过选择合适的工具变量,采用系统 GMM 法,基于相邻二值矩阵对动态空间 SDM 模型进行估计。鉴于动态面板系统 GMM 模型的宽松假设,内生性问题可以通过解释变量和被解释变量的滞后一期和二期作为工具变量加以解决。为了进一步控制经济集聚的内生性问题,本节使用解释变量和被解释变量的时间滞后一期和二期作为工具变量的同时,还借鉴了林伯强等(2019)的做法,采取封志明等(2017)地形起伏度作为经济集聚的工具变量。某一地区的地形起伏度平均值是由该地区的最高和最低海拔高度、平地面积以及区域总面积共同决定的,是一种天然的地理指标,可以认为与绿色经济效率无直接联系。同时平均地形起伏度较低的地区往往是平原地区,而平原地区往往人口较容易集中,是影响经济集聚的重要因素。由于模型中不仅加入了经济集聚程度还加入了其二次项,即存在两个内生变量,因此需要至少两个外生性工具变量。外生性工具变量一般从地理和历史两个维度选择,历史上的各地区经济集聚的程度被认为和现在的经济集聚程度有关,但从时间上与现在又相差较远,可认为对现在的解释变量影响不大。人口密度和经济集聚的关系不言而喻,人口密度高的地区往往经济集聚程度也较高。又由于经济集聚不是一蹴而就的,具有一定的时间延续性,可以认为过去的人口密度对现在的经济集聚具有影响作用。这里选用统计年鉴中 1988 年的各省(自治区、直辖市)的人口密度数据作为第二个工具变量。由于 1988 年与本章研究对象的时间 2004 年相差 16 年,不会对研究期的绿色经济效率产生影响。系统 GMM 估计结果报告于表 7-10。

表7-10 基于动态面板系统GMM检验的经济集聚对绿色经济效率影响

变量	时间滞后变量作为工具变量		滞后变量和外生性指标同时作为工具变量	
	系数值	t值	系数值	t值
绿色经济效率滞后项	0.487***	6.11	0.465***	5.44
经济集聚一次项	−3.031**	−2.01	−2.401**	−2.25
经济集聚二次项	0.135**	2.00	0.106**	2.22
劳动生产率	0.167**	1.99	0.228***	3.94
经济发展水平一次项	0.126	0.21	−0.089	−0.21
经济发展水平二次项	−0.005	−0.17	0.003	0.14
环境规制	−9.953***	−2.69	−8.579***	−3.27
产业结构	0.584*	1.82	0.977***	4.50
政府干预	0.82*	1.82	1.201***	3.79
常数项	19.084	0.77	40.908**	2.37
空间自回归系数	0.01	0.14	−0.013	−0.17
经济集聚一次项空间系数	−0.138	−0.11	−1.44	−1.65
经济集聚二次项空间系数	0.002	0.03	0.064	1.55
劳动生产率空间系数	−0.013	−0.26	−0.005	−0.13
经济发展水平一次项空间系数	0.077	0.24	0.407*	1.86
经济发展水平二次项空间系数	−0.001	−0.08	−0.02*	−1.74
环境规制空间系数	1.208	0.75	0.505	0.45
产业结构空间系数	−0.141	−1.50	−0.278***	−4.32
政府干预空间系数	−0.139	−0.85	−0.173	−1.49
Wald Test	87.397***	/	96.454***	/
F-Test	4.855***	/	6.028***	/
R-sq	0.963	/	0.97	/
Log Likelihood	292.761	/	333.381	/
观测数	406	/	406	/

注：笔者根据Stata软件计算结果整理。*代表10%显著，**代表5%显著，***代表1%显著。

表7-10显示使用经济集聚滞后一期和滞后二期变量作为工具变量时，经济集聚的二次项系数以及劳动生产率等参数估计结果并未发生明显变化。当经济集聚滞后一期和滞后二期变量以及外生性变量各省地面平均坡度与1988年各省人口密度同时作为工具变量时，系统GMM估计结果也未发生明显改变。经济集聚的二次项系数在5%水平显著为正，再次验证了经济集聚与绿色经济效率呈现出U形曲线的关系。绿色经济效率的时间滞后项均在1%水平显著为正，印证了绿色经济效率在时间上具有路径依赖或延续性的观点。

第四节　本章小结

经济集聚是指经济活动在某一地理区域内相对集中的现象。绿色经济效率是在新古典经济全要素生产率分析框架下，将能源消费纳入投入变量并把污染排放作为非期望产出的社会经济运行效率。在现有经济集聚对经济增长的研究基础上，本书重点研究经济集聚在产出端对污染排放强度和投入端对能源效率的影响，并综合分析其对低污染、高能效的绿色经济效率的作用机制，完善了经济集聚对绿色经济效率的影响研究。

第五章验证了经济集聚对产出端的污染排放强度具有先降低—后增大—再降低的影响；第六章验证了经济集聚对投入端的能源效率具有先降低—后提高的作用。本章综合考虑经济集聚对投入和产出端的影响。不同阶段经济集聚通过规模效应、技术效应、产业产品结构效应和政策环境效应对绿色经济效率的影响先降低—后提高，两者之间呈现U形非线性关系。在经济集聚未形成阶段为低污染、低能效和低速经济增长，经济集聚表现为抑制绿色经济效率；在经济聚集初步形成阶段为高污染、低能效和高速经济增长，经济集聚同样表现为抑制绿色经济效率；在经济深度集聚阶段为低污染、高能效和高质量经济增长，经济集聚表现为提高绿色经济效率。通过2004—2017年中国29个省级行政区总体面板数据做验证，主要结果如下：

第一，全国整体绿色经济效率呈现出波动增长趋势。使用非径向方向距离函数计算了综合考虑能源投入和污染排放产出的绿色经济效率，全国整体绿色经济效率呈现波动增长趋势。东部地区呈现出"先增长—后下降—再增长"的态势，中部和西部地区则表现出一定程度的曲折下降。京津冀地区的增长，特别在提出京津冀协同发展战略后有了较大的提高。长三角地区表现出较为稳定的曲折上升趋势。对比全要素能源效率可以看出,近年来的污染排放治理对绿色经济效率提升起主要的贡献。

第二,经济集聚和绿色经济效率之间呈现出"先降低—后升高"的U形曲线关系,验证了理论假说3。在经济集聚的前两个阶段,污染的排放和经济增长同时增加,污染排放强度和能源消费强度的增长速度甚至超过了经济增长的速度,此时经济集聚对绿色经济效率起到抑制作用;经济集聚进入第三个阶段即经济深化集聚阶段后,成熟的经济专业化集聚和不断深化的多样化集聚现象共同出现,经济集聚通过规模效应、技术效应、产业产品结构效应和政策环境效应的正外部性不断提高,能源效率不断提升,此时经济集聚对污染排放有抑制作用,同时经济转型完成,经济走上可持续发展道路,从经济粗放型快速增长向集约型高质量增长转变,此时经济集聚对绿色经济效率具有显著的提高作用。

第三,绿色经济效率具有路径依赖。与污染排放强度和能源效率展现出的地区路径依赖相似,地区的产业和经济类型一旦确立具有长期效应。经济绿色转型需要付出相当大的努力,绿色转型需要考虑地区资源、技术和劳动力等禀赋的不同采取不同的转型路径。且经济集聚对绿色经济效率具有一定空间溢出效应。一是中国邻近地区间产业具有高度同质性相关,特别是低能效高污染但高产值的产业对地区经济和就业压力起到了一定的缓解作用,需要进一步破除先污染后治理的老路,准确贯彻"绿水青山就是金山银山"的理念。二是绿色经济效率高的邻近地区一定程度上形成了产业互补效应,如江苏苏州和上海形成了产业互补发展路线并激发了产业协同集聚效应,进一步提高了两个地区的绿色经济效率。

第四,中国绝大多数地区尚未到达绿色经济效率的拐点,且经济集聚效应具有滞后性。本章对经济集聚与绿色经济效率的曲线拐点进行一定程度分析。经济集聚程度的拐点大致在72 193.53万元/平方千米。在研究期内处于拐点右侧的只有北京、上海、广东、江苏、浙江、福建、湖北和重庆8个省(直辖市),大部分中西部地区的省份都处于U形曲线的左侧。同时动态空间计量模型的拟合度和可信度远大于静态空间计量模型,且核心解释变量的显著性也较高。这进一步说明经济集聚的绿色经济效应不是立竿见影的,需要因地制宜循序渐进地培育经济集聚区。东部地区特别是长三角一体化示范区内需进一步合理规划产业协同分工,突出绿色底色,释放多样化协同集聚的绿色动力,提供更多可复制、可推广的绿色经济效率提升路径和方法。京津冀地区需要逐步推进天津和河北地区的产业转型升级,做好北京产业转移的承接工作,提升北京与天津、河北的产业协同集聚效应。

第五,对经济集聚与绿色经济效率的内生性问题做进一步处理。分别采取了解释变量与被解释变量滞后一期与二期作为工具变量通过系统 GMM 估计检验,并进一步加入两个外生性变量地面平均坡度和 1988 年人口密度,与内生变量时间滞后项同时作为工具变量检验。结果显示考虑内生性问题后结果无实证性变动,经济集聚与绿色经济效率之间依然呈现出 U 形曲线关系,体现了模型良好的稳定性。

第八章 实现绿色经济效率提升的总结与展望

第一节 经济集聚与绿色经济效率能否相向而行

本书主要研究中国经济集聚对绿色经济效率的影响。经济集聚是指经济活动在某一地理区域内相对集中的现象。绿色经济效率是在新古典经济全要素生产率分析框架下,将能源消费纳入投入变量并把污染排放作为非期望产出的社会经济运行效率。在现有经济集聚对经济增长的研究基础上,本书重点研究经济集聚在产出端对污染排放强度和在投入端对能源效率的影响,并综合分析其对低污染、高能效的绿色经济效率的作用机制,完善了经济集聚对绿色经济的影响研究。

传统经济增长模式往往注重"量"的扩张而忽视了"质"的提升。这种经济增长模式一方面实现了中国经济的快速腾飞,另一方面也导致了能源消费愈加显著和污染排放问题日益严重,造成了中国可持续发展的现实约束。在2020年召开的第75届联合国大会上,习近平主席提出了"2030年实现碳达峰、2060年实现碳中和"的目标,这更加要求我们处理好经济增长和节能减排之间的平衡协调关系,经济绿色转型是中国经济高质量发展的本质要求。

在中国经济高质量发展的道路上,无论是西部大开发战略、京津冀协同发展战略以及长三角一体化发展战略,还是长江经济带、川渝地区双城经济圈,本质上均体现了经济的空间集聚。"以点带面、从线到片"的经济集聚模式是中国经济快速发展非常重要的特征。经济集聚一方面有利于生产规模扩大、技术传递、产业产品升级和政策环境良性循环,表现为经济集聚的正外部性;另一方面经济集聚造成的要素拥挤导致生产效率损失,表现为经济集聚的负外部性。经济集聚的正外部性有利于实现经济增长和节能减排的绿色高质量发展目标,而经济集聚的负外部性则产生消极影响。经济集聚能否实现经济增长效应和节能减排效应的"双重发展目标"是一个值得思考的现实问题。如何实现经济集聚正外部性最大化而负外部性最小化？是否存在经济集聚不同阶段在产出端对污染排放程度、在投入端对能源效率以及最终对绿色经济效率存在不同影响？

本书通过构造包含劳动、资本、能源和污染排放的产出密度模型,对经济集聚的节能减排效应和经济增长方式改变进行了理论阐述和实证检验。构建了经济集聚对绿色经济效率影响三个阶段四种效应的分析框架。基于产出密度函数,对经济集聚的节能减排效应和绿色经济效率增长进行了数理推导并提出研究假说:经济集聚与污染排放强度具有先降低—后增大—再减少的倒N形曲线关系;经济集聚与能源效率具有先降低—后提高的U形曲线关系;并进一步综合分析提出经济集聚对绿色经济效率具有先降低—后提高的U形影响。本书构建了空间面板模型采用多种矩阵类型对理论假说进行实证检验。本书的主要结论可概括如下:

第一,经济集聚程度在不同阶段通过规模效应、技术效应、产业产品结构效应和政策环境效应对污染排放强度、能源效率和经济增长方式影响不同。在经济集聚未形成阶段为低污染、低能效和低速经济增长,经济集聚表现为抑制绿色经济效率;在经济集聚初步形成阶段为高污染、低能效和粗放型高速经济增长,经济集聚同样表现为抑制绿色经济效率;在经济深度集聚阶段为低污染、高能效和集约型高质量经济增长,经济集聚表现为提高绿色经济效率。

第二,从西科恩(Ciccone,2002)与牛房良明和友原章典(Ushifusa & Tomohara,2013)的产出密度函数出发,将能源消费和污染排放纳入生产函数,重新推导出经济集聚对绿色经济效率的数理模型,证明了经济集聚和劳动生产率共同对绿色经济效率产生影响;在此基础上数理证明了经济集聚、能源强度和劳动生产率共同决定了污染排放强度,并进一步通过成本函数证明了经济集聚、能源实际价格决定了全要素能源效率的高低。

第三,通用利用赫芬达尔指数、区位熵和经济密度对中国30个省级行政区的经济集聚程度进行了测算和比较,分析了中国经济集聚、能源消费和污染排放的现状,并运用Moran'I指数分别对经济集聚、能源消费和污染排放做空间分布特征分析。研究发现,在经济集聚方面,集聚程度整体上不断加大,东部地区经济集聚程度明显远远高于中部和西部地区,且差异没有明显缩小;中国经济多样化集聚与专业化集聚同步推进,产业结构正处于调整之中;非农产业空间分布具有显著的集聚特征。在能源消费方面,中国能源消费上升趋势明显,但增长率处于波动下降。2008年前各地区的能源消费存在一定的空间正相关;从2008年开始系数不断下降,相关关系不断减弱。在污染排放方面,二氧化硫、工业废水和烟(粉)尘排放量呈逐年下降趋势,二氧化碳排放量仍处于上升趋势;各地区污染排放存在明显的地理距离空间正相关。

第四,在经济集聚对绿色经济效率的机制分析和数理模型推导基础上构建了实证模型,充分考虑污染物排放强度的异质性和不同计量模型的设定并更换不同的经济集聚测算方式,经济集聚与污染排放强度呈现出先降低—后增大(降速减缓)—再减少的曲折下降趋势。能源强度是影响污染排放强度的重要因素。经济集聚对不同污染排放强度具有一定异质性特征。

第五,运用非径向、考虑松弛变量的Super-SBM模型测算了中国30个省级行政区的全要素能源效率。在三个阶段四种效应的经济集聚对绿色经济效率分析框架下和对能源效率数理模型推导基础上构建经济集聚对能源效率的实证模型,采用空间计量模型实证检验了经济集聚对全要素能源效率的影响,并选用单要素能源效率作为稳健性检验:经济集聚与能源效率形成"先降低—后提高"的U形曲线关系。

第六,绿色经济效率是在新古典经济全要素生产率分析框架下,将能源消费纳入投入变量并把污染排放作为非期望产出的社会经济运行效率。采用考虑松弛变量的非径向Super-SBM模型来测度2004—2017年中国省级行政区的绿色经济效率。结果显示,从全国整体绿色经济效率整体来看,绿色经济效率呈现波动增长趋势。东部地区呈现出先增长—后下降—再增长的态势,中部和西部地区则表现出一定程度的曲折下降。京津冀地区的增长特别在提出京津冀协同发展战略后有了较大的提高。长三角地区表现出较为稳定的曲折上升趋势。在经济集聚对绿色经济效率影响三个阶段四种效应分析框架下和对数理模型推导的基础上构建了经济集聚对绿色经济效率的实证模型,采用空间面板模型,运用空间二值邻近矩阵、地理距离矩阵和经济距离矩阵,实证分析了经济集聚与绿色经济效率的关系,并对内生性问题采取SYS-GMM对选择的工具变量进行进一步估计以检验模型的稳定性。分析结果显示,经济集聚与绿色经济效率之间呈现出"先降低—后升高"的U形曲线关系。经济集聚未形成阶段为低污染、低能效和低速经济增长,经济集聚表现为抑制绿色经济效率;在经济集聚初步形成阶段为高污染、低能效和粗放型高速经济增长,经济集聚同样表现为抑制绿色经济效率;在经济深度集聚阶段为低污染、高能效和集约型高质量经济增长,经济集聚表现为提高绿色经济效率。经济集聚未形成阶段到经济集聚初步形成阶段,经济集聚的加大对绿色经济效率起到抑制的作用。通过对拐点信息的分析得出,中国大多数省份特别是中西部地区的经济集聚程度远远未达到U形曲线的右侧,绿色经济效率还未呈现出随经济集聚增长的趋势。

第七,经济集聚、污染排放强度、能源效率和绿色经济效率都有空间溢出效应。省级行政区边界相邻、地理距离和经济距离在一定范围内都具有空间效应,本地的经济集聚、污染排放强度、能源效率和绿色经济效率都有空间溢出效应,会影响相邻或一定地理或经济距离范围内的其他地区的经济集聚、污染排放强度、能源效率和绿色经济效率。动态情况下,前一年的经济集聚、污染排放强度、能源效率和绿色经济效率在本地与本地、本地与相邻或一定地理或经济距离范围内地区之间都具有一定的空间溢出效应。这充分说明绿色经济效率在各省份本身与各省份之间具有一定的路径依赖以及示范效应。

第八,劳动生产率的提高是污染排放强度降低、能源效率提高和绿色经济效率提高的直接因素。经济发展水平对多数污染排放强度具有抑制作用,对能源效率和绿色经济效率的影响呈现出U形变化趋势。产业结构转型对能源效率的影响具有滞后性,同时也说明产业结构转型不能简单"一刀切",需要先立后破有序进行,使经济平稳转型才能取得更好的效果。环境规制同样可能存在一定的复杂效应和时间滞后性。

第二节 如何以经济深度集聚来提升绿色经济效率

为了达到通过经济集聚来提升绿色经济效率这个目标,使中国经济从高污染、低能效的粗放型快速增长模式调整为低污染、高能效的集约化高质量增长模式,不断推动提升生态文明建设效果,真正落实绿水青山就是金山银山的理念,本章接下来结合之前的研究分析结论,即中国的大多数省份经济集聚程度还未达到引起绿色经济效率上升的拐点,提供如下政策启示:

一是推进城镇化建设向城市群建设深化发展。经济集聚与城市化同步深入推进。城市化具有两个阶段,第一个阶段则是农村到城镇化的发展,对应经济集聚的第一和第二阶段,即经济集聚未形成阶段和经济集聚初步形成阶段;第二个阶段城市化是从城镇到城市群的发展,对应经济集聚的第三个阶段,即经济深度集聚阶段。当前中国的经济产业活动的空间结构正在发生不断的变化,城市群正在逐步成为经济要素发生集聚的主要空间区域。基于经济集聚与绿色经济效率的"先降低—后升高"的非线性关系,可以认为,与小城镇相比,城市群更节能、更有活力、更有效率,单位排放强度更低。要使经济集聚与绿色经济效率的"先降低—后提高"曲线走向右侧,则需要更多样化和更深入的经济集聚模式。长期以来,控制大城市积极发展小城市的区域均衡发展战略可能导致要素分离、资源错配。小城市的经济集聚多是以行政手段集聚的产业区,往往是企业表面或简单的叠加,集聚的正外部性特别是多样化集聚的规模、技术、结构和政策环境效应往往很难体现。同时由于行政区域的割裂,集聚所展现出的空间溢出效应往往大打折扣。要深化城市群的发展建设,首先要破除行政区域各自为政的割裂状态,打通"断头路",优化统一市场环境,统一政策标准,共享社会福利和资源,来促进资本、劳动力、能源、知识技术等要素在城市群区域内的自由充分流动,形成更大范围更深层次的经济集聚。2018年中国的城镇化率为59.6%,未来还有很大的上升空间,要素往中心城市、城市群集聚的趋势还远未结束,因此经济集聚在城市群的范围内发展是提升绿色经济效率的关键。

二是以人才集聚推动经济集聚引领绿色经济效率的提升。人才是第一生产力。在前文理论和实证分析中也已经证明劳动生产率的提高是提升绿色经济效率的关键因素。劳动生产率的提高虽然是一个综合各方面因素的结果,但人才的因素绝对是至关重要的。规模效应、技术效应、产业产品结构效应甚至政策环境效应归根到底都是人才的因素,没有具有企业家精神的人才、高新技术研发的人才、高效率管理的人才,以上这些效应可能就不会发生。同时这些人才的集聚还会带来更强大的集聚效应。人才集聚的背后是知识的碰撞产生新的知识技术。纵观国际上绿色经济效率高的区域,如硅谷等皆是人才集聚的中心。人才集聚和经济集聚是相辅相成的,共同作用才能达到真正的集聚效应的扩散。所以在区域政策上需要重视人才培养,积极落实人才引进政策,让区域集聚区内形成人才集聚的高地。人才集聚政策能更好地推动经济集聚的深度发展,引领绿色经济效率的进一步提升。

三是构建和完善以经济集聚为载体的区域科创中心。经济集聚的中心往往同时是区域的科创中心。经济集聚对污染强度的检验模型中证实科技进步对污染强度存在明显的抑制作用。同时经济集聚的技术效应显示在集聚区内新知识、新技术更容易形成。经济集聚区内由于市场化竞争压力较大,企业投入研发的资本相应增加,同时由于技术溢出效应造成研发的效率较高。特别是多样化集聚即专业化的科研机构和制造企业的协同集聚、协同研发和协同生产使生产技术和产业产品价值不断提升。为了持续推动经济集聚引发技术创新,在区域内构建良好的科创环境就尤为重要。要切实有效提高知识产权的保护力度。中国过去在经济发展过程中对知识产权的保护略有忽视,造成一定程度的假冒和盗版的现象,极大地损害了投入大量资金用于研发的原创企业,使市场的原创精神和热情不断降低。改善科创环境、激发科创热情需要切实维护研发者的知识产权,使得原创者取得研发的经济成果。在2019年上海提出要不断完善营商环境,除了提高政府的办事效率以外,很重要的一点就是形成规范的市场环境,保护知识产权。这与上海提出的建成国际一流的科创中心一脉相承。技术创新成果不断得到市场的认可又可以反哺科研投入,并引导科研机构积极对接市场需求转换技术成果。在集聚区内更有利于技术成果转换交易的形成,由此可以不断通过经济集聚的技术溢出效应提高生产效率,使经济增长向着依靠创新驱动转换。

四是以经济集聚持续推进人民生活水平的提升。前文理论和实证模型证明环境的库兹涅茨曲线在中国仍然有效。随着人们生活水平的提升,经济增长首先促进污染排放的强度,然后抑制污染排放。培养人们的环保意识是提升绿色经济效率的关键。在经济增长的同时,通过广泛宣传和引导培养人们的自主环保意识是落实经济绿色发展的有效途径。2019年下半年开始,上海首先开始执行垃圾分类政策,这是国家赋予上海的一个重要任务。之所以选择上海作为垃圾分类的试点,主要也是考虑到上海的经济发展水平较高,人们的环保意识较强。环保意识的培养不是一蹴而就的,是需要政府和公众一起通过各种渠道引导培养的,可以借鉴国外的成功经验,从学龄前儿童开始教育和培养,以不断提升居民的整体环保意识。此外,也需要让人们意识到经济发展和环境保护不是对立的,完全有能力也可以做到发展环境友好型产业、推进绿色节能的技术,不仅要进行供给侧的绿色改革,同时要提升民众对绿色产品的需求,在需求侧通过市场机制使企业自主进行绿色转型。通过经济集聚将可以扩大绿色产品的需求市场,不断促进产业的绿色转型和经济的可持续发展。

五是逐步加强环境规制,协调好地区间的政策环境效应。根据前文的实证检验发现环境规制并不一定会带来污染排放强度的降低和能源效率的提升,对绿色经济效率的影响也存在不确定性。理论分析中也指出政策环境效应既存在空间效应又存在跨时期作用,同时还容易造成环境规制政策的严厉程度不好把握的情况。故需要尽量避免政策"一刀切"情况的出现,需要因地因阶段不同采用不同的政策和指导。首先,环境规制政策的严格程度应根据经济集聚程度的发展情况逐步提高,将政策环境效应的负外部性降到最低。其次,环境规制政策需要做好地区间的协调和平衡。当前经济集聚程度较高的东部地区和经济集聚程度较低的中西部地区环保标准和执行力度都存在不同程度的差异,在产业转移的背景下容易造成东部地区的高污染、低能效的产业转移到中西部地区。产业转移带来的好处自然不必多说,东部地区可以"腾笼换鸟",同时中西部地区可以解决就业问题并实现经济增长。但是在享受产业转移带来的红利同时必须警惕中西部地区陷入环境规制的政策洼地,形成"污染天堂"的集聚区。因此需要协调好各地区间的环境规制政策的严厉程度和执行力度,总体原则应是逐步缩小各地区间的环境规制政策差异。东部经济集聚程度高的地区应不断提高环境规制的标准,如上海、北京等地区率先实施"国六"标准。更重要的是中西部地区必须不断加快提高环境规制标准,缩小与东部地区的差异,最终能达到环境规制全国统一的标准。在实证分析中出现的环境规制对绿色经济效率无效甚至负效应的显现很大,其中的部分原因可能在于各地区间的环境规制政策差异性过大。因此,只有充分处理好环境规制与产业转移的关系,协调好环境规制与经济集聚与绿色经济效率的关系,才能更好地做到各地区绿色经济效率差异性不断缩小,各地区协调发展,经济不断向低污染、高能效的高质量经济增长方式转换。

六是以区域经济一体化的方式优化各产业职能分工,在空间协作机制下实现经济集聚的深度发展。城市群的发展离不开区域经济一体化的方式。经济深度集聚阶段最明显的特征就是经济多样化集聚的出现,城市群中的经济集聚程度的提高不是简单的每个城市各自的集聚程度提高的加总,而是在城市群区域内的协同集聚发展。多样化集聚最典型的形式就是生产性服务业和制造业的协同集聚,这种集聚的地理空间范围更广。如今也有很多观点表示分布式生产成为新的生产方式,其实这只是集聚不局限在一个小地区的范围内,而是在更大的空间范围内产生。区域经济一体化也不是要求区域中的每个地区的产业相同,更多的是通过区域经济一体化扩大了要素和产品市场容量,使得区域中的各种集聚区形成协同效应,从某种意义上来说,是通过整个区域的经济集聚程度的提高来促使绿色经济效率的提高。长三角地区作为中国经济集聚程度最高、城市群建设最前沿的区域,是区域经济一体化相对更有成效的地区。在长三角经济一体化建设中,上海逐渐成为生产性服务业集聚的中心,江苏成为制造业的集聚中心,浙江成为技术服务和商贸服务的集聚中心,安徽成为制造业产业转移的承接地。在这种区域经济一体化的分工模式下,空间的协作机制显得尤为重要,是影响经济深度集聚的关键。这种协作机制并不是靠行政命令来实现的,往往行政命令的集聚区的效果并不理想。空间协作机制主要依靠市场机制来调节,政府在其中应当做好良好环境营造者的角色,包括基础设施建设和人文环境建设。区域经济的一体化关键在于市场和居民生活的一体化。市场的一体化要求区域内各行政区破除割裂状态,创造统一的营商环境,提高一体化办公效率,降低企业在区域内的交易成本。居民生活的一体化则要求区域内统一社会保障和福利,让区域内的居民无论在哪个城市都能享受到一致的医疗、养老等社会服务,解除劳动力流动的后顾之忧。因此尽快实现区域内劳动力、技术、资本、能源等要素的自由流动来形成高效的空间经济协同集聚,对提升区域的绿色经济效率有很大的作用。

参考文献

Akhmat G, Zaman K, Shukui T, et al. Does energy consumption contribute to environmental pollutants? Evidence from SAARC countries [J] *Environmental Science and Pollution Research*, 2014, 21(9):5940-5951.

Baltagi B H, Song S H, Jung B C. LM Tests for the unbalanced nested panel data regression model with serially correlated errors [J]. *Annales d'Économie et de Statistique*, 2002 (65).

Baumont C, Ertur C, Gallo J L. Spatial analysis of employment and population density: the case of the agglomeration of Dijon 1999[J]. *Geographical analysis*, 2004, 36(2):146-176.

Berliant M, Masahisa F. The dynamics of knowledge diversity and economic growth [J]. *Discussion Papers*, 2010.

Bruelhart M, Sbergami F. Agglomeration and growth: cross-country evidence [J]. *Journal of Urban Economics*, 2009, 65(1):48-63.

Brülhart M, Mathys N A. Sectoral agglomeration economies in a panel of European regions [J]. *Regional Science & Urban Economics*, 2008, 38(4):348-362.

Cainelli G, Fracasso A, Marzetti G V. Spatial agglomeration and productivity in Italy: a panel smooth transition regression approach [J]. *Papers in Regional Science*, 2015, 94:39-67.

Carlino G, Kerr W R. Chapter 6 - Agglomeration and Innovation [C]//*Handbook of Regional and Urban Economics*. Elsevier B. V. 2015.

Cassey A J, Smith B O. Simulating confidence for the Ellison-Glaeser index [J]. *Journal of Urban Economics*, 2014(81):85-103.

Castells-Quintana D, Royuela V. Agglomeration, inequality and economic growth [J]. *The Annals of Regional Science*, 2014, 52(2):343-366.

Chen Y. Agglomeration and location of foreign direct investment: the case of China [J]. *China Economic Review*, 2009, 20(3):549-557.

Chung Y, Fare R. Productivity and undesirable outputs: a directional distance function approach

[J]. *Journal of Environmental Management*, 1997(51):229-240.

Ciccone A. Agglomeration-effects in Europe [J]. *Economics Working Papers*, 1999,46(2): 213-227.

Ciccone A, Hall R E, et al. Productivity and the density of economic activity [J]. *American economic review*, 1996,86(1):54-70.

Coles M G, Smith E. Marketplaces and matching [J]. *International Economic Review*, 1998,39(1):239.

Coles M G. Understanding the matching function: the role of newspapers and job agencies [J]. *CEPR Discussion Papers*, 1994,939.

Combes P P, Magnac T, Robin J M. *The Dynamics of Local Employment in France* [C]. Laboratoire d'Economie Appliquee, INRA, 2004.

Combes P P. Economic structure and local growth: France, 1984-1993[J]. *Journal of Urban Economics*, 2000,47(3):329-355.

Combes P-P, Duranton G, Gobillon L, et al. *The Productivity Advantages of Large Cities: Distinguishing Agglomeration from Firm Selection* [C]. University of Toronto, Department of Economics, 2012.

De Groot H L F, Poot J, Smit M. Agglomeration, innovation and regional development: theoretical perspectives and meta-analysis [J]. *Social Science Electronic Publishing*, 2007(10).

Devereux M P, Griffith R, Simpson H. The geographic distribution of production activity in the UK [J]. *Regional Science & Urban Economics*, 2004,34(5):533-564.

Dixit J. Monopolistic competition and optimum product diversity [J]. *The American Economic Review*, 1977,67(3):297-308.

Dupont V. Do geographical agglomeration, growth and equity conflict? [J]. *Papers in Regional Science*, 2007,86(2):193-213.

Duranton G, Overman H G. Exploring the detailed location patterns of U. K. manufacturing industries using micro-geographic data [J]. *Journal of Regional Science*, 2008,48(1): 213-243.

Duranton G, Puga D. Microfoundations of urban agglomeration economies [J]. *CEPR Discussion Papers*, 2003,4(4):2063-2117.

Duranton G, Puga D. Nursery Cities: Urban diversity, process innovation, and the life cycle of products [J]. *American Economic Review*, 2001,91(5):1454-1477.

Eaton J, Eckstein Z. Cities and growth: theory and evidence from France and Japan [J]. *Boston University-Institute for Economic Development*, 1994,27(4):443-474.

Ehrl P. Agglomeration economies with consistent productivity estimates [J]. *Regional*

Science and Urban Economics, 2013,43(5):751-763.

Elhorst J P. Dynamic spatial panels: models, methods, and inferences [J]. Journal of Geographical Systems, 2012,14(1):5-28.

Elhorst J P. Matlab software for spatial panels [J]. International Regional Science Review, 2014,37(3):389-405.

Elhorst P J, Fréret S. Evidence of political yardstick competition in France using a two-regime spatial durbin model with fixed effects [J]. Social Science Electronic Publishing, 2010,49(5):931-951.

Elhorst P, Zandberg E, De Haan J. The impact of interaction effects among neighbouring countries on financial liberalization and reform: a dynamic spatial panel data approach [J]. Spatial economic analysis, 2013,8(3):293-313.

Ellison G, Glaeser E L, Kerr W R. What causes industry agglomeration? Evidence from coagglomeration patterns [J]. American Economic Review,2010,100(3):1195-1213.

Ellison G. Geographic concentration in U. S. manufacturing industries: a dartboard approach [J]. Journal of Political Economy, 1997,105(5):889-927.

Englmann F C, Walz U. Industrial centers and regional growth in the presence of local inputs [J]. Journal of Regional Science, 1995,35(1):3-27.

Fan C C. Industrial agglomeration and development: a survey of spatial economic issues in east Asia and a statistical analysis of Chinese regions [J]. Economic Geography, 2003, 79(3):295-319.

Färe G, Pasurka C A Jr. Accounting for air pollution emissions in measures of state manufacturing productivity growth [J]. Journal of Regional Science, 2001,41(3): 381-409.

Fujita M, Krugman P. When is the economy monocentric? von Thunen and Chamberlin unified [J]. Regional Science & Urban Economics, 1995,25(4):505-528.

Fujita M, Thisse J F. Does geographical agglomeration foster economic growth? And who gains and loses from it? [J]. The Japanese Economic Review, 2003(54):121-145.

Fujita M, Thisse J F. Economics of agglomeration (cities, industrial location, and regional growth)[J]. Agglomeration and Economic Theory,2002:1-22.

Gao T. Regional industrial growth: evidence from Chinese industries [J]. Regional Science and Urban Economics, 2004,34(1):101-124.

Glaeser E L, Kallal H D, Scheinkman, José A, et al. Growth in cities [J]. Journal of Political Economy, 1992,100(6):1126-1152.

Hailu A, Adamowicz W, Boxall P. Complements, substitutes, budget constraints and valuation-application of a multi-program environmental valuation method [J]. Environ

Resour Econ, 2000.

Han F, Xie R, Lai M. Traffic density, congestion externalities and urbanization in China [J]. *Spatial Economic Analysis*, 2018, 13(4): 400 - 421.

Head K, Ries J C, Swenson D L. Agglomeration benefits and location choice: evidence from Japanese manufacturing investments in the United States [J]. *Journal of International Economics*, 1995, 38(3 - 4): 223 - 247.

Henderson J V. The sizes and types of cities [J]. *American Economic Review*, 1974, 64(4): 640 - 656.

Hirose K, Yamamoto K. Knowledge spillovers, location of industry, and endogenous growth [J]. *Annals of Regional Science*, 2007, 41(1): 17 - 30.

Holmes T J, Stevens J J. Geographic concentration and establishment scale [J]. *Review of Economics & Statistics*, 2002, 84(4): 682 - 690.

Hoover E M Jr. The measurement of industrial localization [J]. *The Review of Economics and Statistics*, 1936, 18(4): 162 - 171.

Ingerman S H, Piore M J, Sabel C F. The second industrial divide: possibilities for prosperity [J]. *Labour*, 1984, 20: 302.

Jacobs J. *The Economy of Cities* [M]. Random House, 1969.

Jiríková E, Pavelková D, Bialic-Davendra M, et al. The age of clusters and its influence on their activity preferences [J]. *Technological and Economic Development of Economy*, 2013, 19(4): 621 - 637.

Krugman P, Elizondo R L. Trade policy and the third world metropolis [J]. *Nber Working Papers*, 1992, 49(1): 137 - 150.

Krugman P. Increasing returns and economic geography [J]. *Journal of Political Economy*, 1991, 99(3): 483 - 499.

Li J, Lin B. Does energy and CO_2 emissions performance of China benefit from regional integration? [J]. *Energy Policy*, 2017(2): 366 - 378.

Long R, Shao T, Chen H. Spatial econometric analysis of China's province-level industrial carbon productivity and its influencing factors [J]. *Applied Energy*, 2016(166): 210 - 219.

Managi S, Kaneko S. Environmental productivity in China [J]. *Economics Bulletin*, 2004, 17(2): 1 - 10.

Marshall A. *Principles of Economics* [M]. London: Macmillan and Co. Ltd, 1920.

Martin P, Ottaviano G I P. Growth and agglomeration [J]. *International Economic Review*, 2001, 42(4): 947 - 968.

Opper S, Andersson F N G. Are entrepreneurial cultures stable over time? Historical evidence from China [J]. *Asia Pacific Journal of Management*，2018(36)：1165-1192.

Porter M E. Clusters and the new economics of competition [J]. *Harvard Business Review*. 1998(12)：75-90.

Porter M E. *The Competitive Advantage of Nations* [M]. New York：Free Press，1990.

Richard E，Martin P. Agglomeration and regional growth [J]. *Handbook of Regional & Urban Economics*，2004,4(04)：2671-2711.

Rosenthal S S，Strange W C. The determinants of agglomeration [J]. *Journal of Urban Economics*，2001,50(2)：191-229.

Stallkamp M，Pinkham B C，Schotter A P J，et al. Core or periphery? The effects of country-of-origin agglomerations on the within-country expansion of MNEs [J]. *Journal of International Business Studies*，2018,49(8)：942-966.

Ushifusa Y，Tomohara A. Productivity and labor density：agglomeration effects over time [J]. *Atlantic Economic Journal*，2013,41(3)：123-132.

Vega S H，Elhorst J P. Regional labour force participation across the European Union：a time-space recursive modelling approach with endogenous regressors [J]. *Spatial economic analysis*，2017(12)：138-160.

Weber A. Theory of the location of industries [J]. *Nature*，1960,15(1)：1.

Wijkman A，Rockstrom J. Bankrupting nature：denying our planetary boundaries [J]. *Asia Pacific Journal of Environmental Law*，2012,15.

Williamson J G. Regional inequality and the process of national development：a description of the patterns [J]. *Economic Development and Cultural Change*，1965,13(4，Part 2)：1-84.

Yamamoto K. Agglomeration and growth with innovation in the intermediate goods sector [J]. *Regional Science & Urban Economics*，2003,33(3)：335-360.

白小滢. 环境库兹涅茨曲线与长期经济增长[D]. 湖北：武汉大学，2010.

薄文广. 外部性与产业增长——来自中国省级面板数据的研究[J]. 中国工业经济，2007(1)：39-46.

常瑞祥，安树伟. 中国区域发展空间的格局演变与新拓展[J]. 区域经济评论，39(3)：135-144.

常瑞祥. 一体化、经济集聚与区域发展空间[D]. 北京：首都经济贸易大学，2018.

陈得文，苗建军. 空间集聚与区域经济增长内生性研究——基于1995—2008年中国省域面板数据分析[J]. 数量经济技术经济研究，2010(9)：82-93.

陈建军，陈国亮，黄洁. 新经济地理学视角下的生产性服务业集聚及其影响因素研究——来自中国222个城市的经验证据[J]. 管理世界，2009(4)：89-101.

陈建军,陈国亮.产业关联、空间地理与二三产业共同集聚——来自中国212个城市的经验考察[J].管理世界,2012(4):82-100.

陈建军,陈菁菁.生产性服务业与制造业的协同定位研究—以浙江省69个城市和地区为例[J].中国工业经济,2011(6):141-150.

陈建军,胡晨光.产业集聚的集聚效应——以长江三角洲次区域为例的理论和实证分析[J].管理世界,2008(6):68-83.

陈建军,刘月,邹苗苗.产业协同集聚下的城市生产效率增进—基于融合创新与发展动力转换背景[J].浙江大学学报(人文社会科学版),2016(3):150-163.

陈强.高级计量经济学及stata应用(第二版)[M].北京:高等教育出版社,2018.

陈诗一.节能减排与中国工业的双赢发展:2009—2049[J].经济研究,2010(3):131-145.

陈诗一.中国各地区低碳经济转型进程评估[J].经济研究,2012(8):33-45.

陈文翔.生产性服务业与制造业协同集聚的区域增长效应研究[D].北京:首都经法贸易大学,2018.

陈宪,黄建锋.分工、互动与融合:服务业与制造业关系演进的实证研究[J].中国软科学,2004(10):65-71.

陈晓峰,陈昭锋.生产性服务业与制造业协同集聚的水平及效应——来自中国东部沿海地区的经验证据[J].财贸研究,2014(2):55-63.

陈晓峰.生产性服务业与制造业的协同集聚效应分析——以长三角地区为例[J].城市问题,2016(12):63-70.

陈阳.城市异质性视角下制造业集聚对绿色全要素生产率影响研究[D].沈阳:辽宁大学,2019.

程浩.我国制造业集聚的经济效应研究[D].长春:吉林大学,2015.

程中华.产业集聚与制造业"新型化"发展[D].南京:东南大学,2016.

丁凡琳,陆军,赵文杰.新经济地理学框架下环境问题研究综述[J].干旱区资源与环境,2019(6):25-34.

豆建民,刘叶.生产性服务业与制造业协同集聚是否能促进经济增长——基于中国285个地级市的面板数据[J].现代财经(天津财经大学学报),2016(36)No.315(4):94-104.

杜静.产业集群发展的绿色创新模式研究[D].长沙:中南大学,2010.

范剑勇.市场一体化、地区专业化与产业集聚趋势——兼谈对地区差距的影响[J].中国社会科学,2004(6):39-51+204-205.

方永丽.中国环境规制对生态效率的影响研究[D].武汉:中南财经政法大学,2018.

封志明,唐焰,杨艳昭,等.中国地形起伏度及其与人口分布的相关性[J].地理学报,2007(10):1073-1082.

傅十和,洪俊杰.企业规模、城市规模与集聚经济——对中国制造业企业普查数据的实证分析[J].经济研究,2008(11):112-125.

高丽娜. 产业空间集聚对中国制造业全要素生产率的影响研究[D]. 武汉:华中科技大学,2012.

顾乃华,毕斗斗,任旺兵. 生产性服务业与制造业互动发展:文献综述[J]. 经济学家,2006(6):35-41.

关爱萍,陈锐. 产业集聚水平测度方法的研究综述[J]. 工业技术经济,2014(12):152-157.

郭澄澄. 全球价值链视角下我国制造业与生产性服务业协同机制及实证研究[D]. 上海:上海社会科学院,2019.

郭克莎. 中国经济发展进入新常态的理论根据——中国特色社会主义政治经济学的分析视角[J]. 经济研究,2016(9):4-16.

郭然,原毅军. 生产性服务业集聚、制造业集聚与环境污染——基于省级面板数据的检验[J]. 经济科学,2019(1):82-94.

韩爱华. 中国制造业与生产性服务业空间效应的统计研究[D]. 武汉:中南财经政法大学,2018.

韩峰,柯善咨. 追踪我国制造业集聚的空间来源:基于马歇尔外部性与新经济地理的综合视角[J]. 管理世界,2012(10):55-70.

韩峰. 生产性服务业集聚如何影响制造业结构升级?——一个集聚经济与熊彼特内生增长理论的综合框架[J]. 管理世界,2020(2):72-94.

郝淑双. 中国绿色发展水平时空分异及影响因素研究[D]. 武汉:中南财经政法大学,2018.

何好俊. 中国制造业集聚、环境治理与绿色发展[D]. 长沙:湖南大学,2018.

贺灿飞,刘洋. 产业地理集聚与外商直接投资产业分布——以北京市制造业为例[J]. 地理学报,2006,61(12):1259-1270.

胡鞍钢,周绍杰. 绿色发展:功能界定、机制分析与发展战略[J]. 中国人口·资源与环境,2014,24(1):7.

胡晨光,程惠芳,陈春根. 产业集聚的集聚动力:一个文献综述[J]. 经济学家,2011(6):93-103.

胡亚茹,陈丹丹. 中国高技术产业的全要素生产率增长率分解——兼对"结构红利假说"再检验[J]. 中国工业经济,2019(2):138-156.

胡艳,朱文霞. 基于生产性服务业的产业协同集聚效应研究[J]. 产经评论,2015(2):7-16.

黄勇峰,任若恩,刘晓生. 中国制造业资本存量永续盘存法估计[J]. 经济学(季刊),2002,1(2):377-396.

黄跃,李琳. 中国城市群绿色发展水平综合测度与时空演化[J]. 地理研究,2017(7):111-124.

纪玉俊,亓春晓. 制造业集聚变迁与地区绿色全要素生产率提升[J]. 重庆理工大学学报:社会科学,2019(10):46-58.

季书涵,朱英明. 产业集聚、环境污染与资源错配研究[J]. 经济学家,2019(6):33-43.

贾卓,初雪,李晨曦,等.基于 CNKI 数据库文献计量的产业集聚环境效应研究[J].生态环境学报,2018,27(12):193-202.

江曼琦,席强敏.生产性服务业与制造业的产业关联与协同集聚[J].南开学报(哲学社会科学版),2014(1):159-166.

金晟.生产性服务业与制造业协同发展研究[D].武汉:中南财经政法大学,2018.

金飞,张琦.中国市区县级 TFP 变动问题的讨论:2007-2010 年[J].数量经济技术经济研究,2013,30(9):55-71.

孔海涛,于庆瑞,张小鹿.环境规制、经济集聚与城市生产率[J].经济问题探索,2019(1):79-91.

雷海,王皓,朱明侠.产业集聚、能源消费与环境污染[J].工业技术经济 2017(9).

雷鹏.制造业产业集聚与区域经济增长的实证研究[J].上海经济研究,2011(1):37-47.

李慧君.中国工业经济的绿色转型[D].武汉:华中科技大学,2018.

李江龙,徐斌."诅咒"还是"福音":资源丰裕程度如何影响中国绿色经济增长?[J].经济研究,2018,53(9):153-169.

李沙沙.产业集聚对中国制造业全要素生产率的影响研究[D].大连:东北财经大学.2018.

李世杰,胡国柳,高健.转轨期中国的产业集聚演化:理论回顾、研究进展及探索性思考[J].管理世界,2014(4):171-176.

李伟.全球产业竞争格局变化与中国制造业转型升级[J].中国改革,2019,(6):14-18.

李雯轩.经济增长及其外部性研究——基于动态面板的实证分析[J].金融与经济,2017(5).

李小帆,张洪潮.产业集聚对碳排放的影响研究——以城镇化水平为门槛的非线性分析[J].生态经济,2019(10):31-36.

李晓萍,张亿军,江飞涛.绿色产业政策:理论演进与中国实践[J].财经研究,2019(8):4-27.

李旭超.市场扭曲、资源错配与中国全要素生产率[D].杭州:浙江大学,2017.

梁婧,张庆华,龚六堂.城市规模与劳动生产率:中国城市规模是否过小?——基于中国城市数据的研究[J].经济学(季刊),2015,14(3):1053-1072.

林伯强,谭睿鹏.中国经济集聚与绿色经济效率[J].经济研究,2019,54(2):121-134.

刘安国,杨开忠.新经济地理学理论与模型评介[J].经济学动态,2001(12):67-72.

刘宏霞.生产性服务业与制造业协同集聚的经济效应研究[D].兰州:兰州大学,2019.

刘华军,李超,彭莹.中国绿色全要素生产率的地区差距及区域协同提升研究[J].中国人口科学,2018,187(4):32-43,128.

刘锐.产业集聚与区域经济增长的模型分析[J].商业经济研究,2019(2):165-167.

刘瑞翔,安同良.资源环境约束下中国经济增长绩效变化趋势与因素分析——基于一种新型生产率指数构建与分解方法的研究[J].经济研究,2012(11):14.

刘曙华.生产性服务业集聚对区域空间重构的作用途径和机理研究——以长江三角洲地区

为例[D].上海:华东师范大学,2012.

刘修岩.产业集聚与经济增长:一个文献综述[J].产业经济研究,2009(3):70-78.

刘修岩.空间效率与区域平衡:对中国省级层面集聚效应的检验[J].世界经济,2014(1):55-80.

刘一琛.中国环境污染与经济增长关系研究[D].沈阳:辽宁大学,2019.

刘永旺,马晓钰,杨瑞瑞.人口集聚、经济集聚与环境污染交互影响关系——基于面板协整和PECM模型的分析[J].人口研究,2019,43(3):90-101.

刘月.空间经济学视角下的产业协同集聚与区域经济协调发展[D].杭州:浙江大学,2016.

刘志红,曹俊文.碳排放强度与经济增长的关系:基于数量脱钩的实证研究[J].经济问题探索,2017(11):145-151.

卢星星.产业集聚异质性对经济增长的影响机制研究[D].南昌:江西财经大学,2019.

路江涌,陶志刚.中国制造业区域聚集及国际比较[J].经济研究,2006(3):103-114.

罗勇,曹丽莉.中国制造业集聚程度变动趋势实证研究[J].经济研究,2005(8):106-115+127.

马素琳.城市经济发展的异质性对环境空气质量的影响研究[D].兰州:兰州大学,2016.

毛金祥.经济集聚对区域创新的影响研究[D].上海:上海社会科学院,2019.

孟祥宁.异质性视角下我国装备制造业绿色全要素生产率的演化效应研究[D].南宁:广西大学,2018.

苗建军,郭红娇.产业协同集聚对环境污染的影响机制——基于长三角城市群面板数据的实证研究[J].管理现代化,2019,39(3):70-76.

聂欣.产业集聚视角下中国水污染问题研究[D].广州:暨南大学,2017.

潘文卿,刘庆.中国制造业产业集聚与地区经济增长——基于中国工业企业数据的研究[J].清华大学学报(哲学社会科学版),2012(1):137-147.

庞琛.多重异质性、企业空间离散化与产业集聚研究[D].杭州:浙江大学,2017.

彭向,蒋传海.产业集聚、知识溢出与地区创新——基于中国工业行业的实证检验[J].经济学(季刊),2011(3):184-205.

平智毅,吴学兵,吴雪莲.长江经济带经济增长对工业污染的影响分析——基于地理距离矩阵的空间杜宾模型[J].生态经济,2019(7):161-167.

任阳军,汪传旭,李伯棠,等.产业集聚对中国绿色全要素生产率的影响[J].系统工程,2019,37(5):31-40.

邵明伟,金钟范,张军伟.中国城市群全要素生产率测算与分析——基于2000—2014年数据的DEA-Malmquist指数法[J].经济问题探索,2018(5):110-118.

邵帅,张可,豆建民.经济集聚的节能减排效应:理论与中国经验[J].管理世界,2019,35(1):36-60+226.

沈能,王群伟,赵增耀.贸易关联、空间集聚与碳排放——新经济地理学的分析[J].管理世界,2014(1):176-177.

盛来运,李拓,毛盛勇,等.中国全要素生产率测算与经济增长前景预测[J].统计与信息论坛,2018,33(12):3-11.

师博,任保平.产业集聚会改进能源效率么?[J].中国经济问题,2019,312(1):29-41.

宋德勇,邓捷,弓媛媛.我国环境规制对绿色经济效率的影响分析[J].学习与实践,2017(3):23-33.

苏晶蕾.生产性服务业集聚对我国制造业升级的影响研究[D].长春:东北师范大学,2018.

隋建利,刘碧莹,刘金全.中国工业经济增长与工业污染的内在关联机制测度[J].资源科学,2018,40(4):862-873.

孙博文.长江经济带市场一体化的经济增长效应研究[D].武汉:武汉大学,2017.

孙付华,李申达,龚茗菲,等.异质性企业对外投资行为如何影响中国绿色经济增长?[J].产业经济研究,2019(5):65-76.

孙铁山.中国三大城市群集聚空间结构演化与地区经济增长[J].经济地理,2016,36(5):63-70.

唐一帆.我国生产性服务业的产业关联与区域间溢出效应研究——基于投入产出模型的分析[D].上海:上海社会科学院,2018.

陶永亮.经济一体化进程中的空间集聚与经济增长[D].杭州:浙江大学,2014.

特古斯,刘婧,吕亚娟,王英楠.习近平生态文明思想金句[J].实践(党的教育版),2019(5):14-15.

涂正革,肖耿.环境约束下的中国工业增长模式研究[J].世界经济,2009(11):14.

王爱伦.中国商业部门绿色低碳发展路径研究[D].厦门:厦门大学,2017.

王兵,吴延瑞,颜鹏飞.中国区域环境效率与环境全要素生产率增长[J].经济研究,2010(5):15.

王昆.能源强度与能源效率的国际比较[J].中国矿业,2012,21(4):4.

王玲玲,张艳国."绿色发展"内涵探微[J].社会主义研究,2012(5):143-146.

王向进.全球价值链背景下制造业服务化的环境效应研究[D].上海:华东师范大学,2019.

王晓岭,武春友."绿色化"视角下能源生态效率的国际比较——基于"二十国集团"面板数据的实证检验[J].技术经济,2015,34(7):8.

王兴杰,谢高地,岳书平.经济增长和人口集聚对城市环境空气质量的影响及区域分异——以第一阶段实施新空气质量标准的74个城市为例[J].经济地理,2015(2):7.

王英,董轲萌.产业集聚的环境效应及其空间溢出——以江苏装备制造业为例[J].科技管理研究,2019,39(10):248-255.

王玉玲.中国生产性服务业与制造业的互动融合:理论分析和经验研究[D].上海:上海社会科学院,2017.

未江涛.京津冀地区生产性服务业与制造业协同集聚研究[D].天津:天津财经大学,2018.

魏楚,沈满洪.能源效率与能源生产率:基于 DEA 方法的省际数据比较[J].数量经济技术经济研究,2007,24(9):12.

魏一鸣.中国能源报告:能源效率研究[M].北京:科学出版社,2010.

吴齐,杨桂元.我国区域绿色经济效率的评价与分析[J].统计与决策,2017(17):69-73.

吴翔.中国绿色经济效率与绿色全要素生产率分析[D].武汉:华中科技大学,2014.

吴晓怡,邵军.经济集聚与制造业工资不平等:基于历史工具变量的研究[J].世界经济,2016(4):120-144.

伍先福.生产性服务业与制造业协同集聚对全要素生产率的影响[D].南宁:广西大学,2017.

夏剑君.资源错配、结构变动和生产率[D].上海:上海社会科学院,2019.

谢谋盛,刘伟明,王明.长江中游城市群环境污染与经济增长关系的实证分析[J].江西社会科学,2019,39(1):76-86.

许正松.经济增长、承接产业转移、结构变化与环境污染——基于中部6省的实证分析[D].南昌:江西财经大学,2016.

杨浩昌.产业聚集对中国制造业绩效的影响研究[D].南京:东南大学,2018.

杨平宇,陈建军.产业集聚、绿色发展与治理体系研究——基于浙南产业集聚区的调查[J].经济体制改革,2018(5):93-100.

詹浩勇.生产性服务业集聚与制造业转型升级研究[D].成都:西南财经大学,2013.

张凤杰.生产性服务业集群中的创新扩散机理研究[D].上海:上海交通大学,2008.

张广胜,陈晨.产业集聚与城市生态效率动态关系研究[J].科技进步与对策,2019,(13):48-57.

张军,章元.对中国资本存量 K 的再估计[J].经济研究,2003(7):35-43,90.

张可,豆建民.集聚与环境污染——基于中国 287 个地级市的经验分析[J].金融研究 2015(12):32-45.

张可,汪东芳.经济集聚与环境污染的交互影响及空间溢出[J].中国工业经济,2014(6):72-84.

张可.经济集聚的减排效应:基于空间经济学视角的解释[J].产业经济研究,2018,94(3):68-80.

张素庸,汪传旭,任阳军.生产性服务业集聚对绿色全要素生产率的空间溢出效应[J].软科学,2019,33(11):11-15,21.

张艳.新时代中国特色绿色发展的经济机理、效率评价与路径选择研究[D].西安:西北大学,2018.

张治栋,秦淑悦.产业集聚对城市绿色效率的影响——以长江经济带 108 个城市为例[J].城市问题,2018(7):48-54.

赵放.制造业与物流业的空间协同集聚及其增长效应研究[D].天津:南开大学,2012.

赵小雨.中国绿色增长效率评价及影响因素分析[D].武汉:武汉大学,2018.
钟娟,魏彦杰.产业集聚与开放经济影响污染减排的空间效应分析[J].中国人口·资源与环境,2019,29(5):98-107.
钟廷勇,国胜铁,杨珂.产业集聚外部性与我国文化产业全要素生产增长率[J].管理世界,2015(7):178-179.
周国富,白士杰,王溪.产业的多样化、专业化与环境污染的相关性研究[J].软科学,2019,33(1):85-90.
周明生,王帅.产业集聚是导致区域环境污染的"凶手"吗?——来自京津冀地区的证据[J].经济体制改革,2018,212(5):187-192.
朱英明,刘素霞,李玉见,等.产业集聚对环境污染的减缓效应:理论与实证[J].环境经济研究,2019,4(1):92-113.

后　　记

每个人的生命中，都有一段暗暗努力的时光，为梦想拼过、熬过、奋战过。这样，在回首往事时，我们才敢说：我不因虚度年华而悔恨，也不因碌碌无为而羞愧。感谢自己的坚持，也感谢亲友恩师的支持和陪伴。如果这是一段隧道里的旅程，如果自己是那辆要穿山的车，那他们就是沿途的灯火，一路护送，直到光亮那方。为此，致谢！特别感谢上海工程技术大学在本书出版过程中给予的帮助，感谢上海社会科学院出版社的编辑们给予的修改建议。

中国提出2060年前实现碳中和目标后引发各方关注，与此同时"碳中和"成为刷屏热点词，对碳中和的解读也随处可见。

碳中和和绿色经济将是影响中国经济发展以及各行业转型的一场系统性变革。希望通过阅读本书，读者能够对经济集聚如何影响绿色经济转型有一定的了解，对未来"零碳"绿色生活充满期待。

在成书过程中，上海社会科学院和上海工程技术大学的专家提出了很多建设性的意见和建议，在这里对各位专家的辛勤付出致以最诚挚的谢意。时间仓促，本书如有不足，望各位读者积极给予指导！

林小希
2022年12月31日

图书在版编目(CIP)数据

经济集聚与绿色经济效率 / 林小希著 .— 上海：上海社会科学院出版社，2024
 ISBN 978-7-5520-4194-1

Ⅰ. ①经… Ⅱ. ①林… Ⅲ. ①中国经济—经济发展—研究②绿色经济—经济效率—研究—中国 Ⅳ. ①F124

中国国家版本馆CIP数据核字(2023)第134613号

经济集聚与绿色经济效率

著　　者：林小希
责任编辑：应韶荃
封面设计：右序设计
出版发行：上海社会科学院出版社
　　　　　上海顺昌路622号　邮编200025
　　　　　电话总机 021-63315947　销售热线 021-53063735
　　　　　http://cbs.sass.org.cn　E-mail: sassp@sassp.cn
照　　排：南京前锦排版服务有限公司
印　　刷：上海颛辉印刷厂有限公司
开　　本：710毫米×1010毫米　1/16
印　　张：11
字　　数：186千
版　　次：2024年1月第1版　2024年1月第1次印刷

ISBN 978-7-5520-4194-1/F・733　　　　定价：55.00元

版权所有　翻印必究